壓力更少，成就更多

讓生命非凡的靜心技巧Ziva

Emily Fletcher
艾蜜莉・芙萊契 著　葉妍伶 譯

Stress Less, Accomplish More: Meditation for Extraordinary Performance

目錄

一推薦序一

靜心帶你看見眞正的自己

黃麗燕

這不是一本讓你看的書，全部看完，其實也沒用的！

但這是一本可以讓你跟你自己對話的書，透過書裡的一些引導，你可以不斷地問自己，然後形成一個看法——你爲什麼要靜心？靜心的好處有多少不重要，重要的是你爲什麼要靜心，靜心對你的意義是什麼？

因爲這本書有幾個新鮮的觀點：靜心是新型態的咖啡因、業力是人生路上的減速標線、戒除道歉成癮症、等待幸福症候群……不斷反覆地談論靜心這件事情，透過好奇後的了解，你會開始相信。因爲相信，你會去做，而當你在做的時候，你就不會一直問怎麼還沒有靜心，怎麼還沒有做到，當你持續去做。也不問自己爲什麼沒有做到，只是單純享受那個過程，最後變成你的固定習慣時，那麼，可能在某一刻，靜心就達成了，但也就只是那一刻。

最終你還是要問自己，爲什麼要靜心？我也常常問自己，我家裡靜心的書大概買過十本以上，但爲什麼我還要買這一本呢？因爲當我看過書稿以後，我發現這本書讓我知道我爲什麼要靜心——最終其實是要讓我進入最內在的自己，在進入中不斷讓眞正的你浮上來，眞正的你也不是固定的，而是不斷形成的。也因此你必須不斷去升級你的心智硬碟，讓它跟得上你最內在的自己，最終你也才能做眞正的自己。有趣的是，靜心不是了無雜念，而是讓你放鬆，是單純的讓你實現對自己承諾的一個習慣，你承諾了它，你做了靜心，那麼你最終會誠心進到最裡面，看到眞正的自己。

（本文作者為李奧貝納集團執行長暨大中華區總裁）

一推薦序一

開始靜心吧，你做得到！

丁寧

「受過傷的人才知道如何療癒別人。」

療癒的書籍我特別喜歡傷痕累累的作者，因爲他走過、痛苦過，所以他教導的多半淺顯易懂、操作簡單，但特別有效。

艾蜜莉就是這樣的作者。加上她表演的背景，她善於將一個非常高深的道理，用最簡單的文字表現出來，讓執行的人有信心做到。

一定要去做才會有用！

而靜坐……「安靜下來就是爲了看見自己的眞相。」

以前在靜坐的時候，總是坐不住、全身好像螞蟻在爬，而且腦子的千頭萬緒多到嚇死我了，但是我的第一位瑜伽老師非常喜歡靜坐，我常常不是盡量逃避，就是幾乎睡著。

有一年，因爲愛情的力量，我去了內觀中心前後十二天，有十天每日要靜坐超過十四個鐘頭，禁語、禁眼神交會，全然地跟自己在一起好好靜坐。

我在那裡實實在在地認識了我的腦子，或者說看穿了腦子的詭計。

我的身體與腦子總是不想安靜下來，腦子習慣把注意力投射在外面，因爲這樣子比較簡單，也能夠逃避內在眞實的狀況，日子就可以看似安然地繼續過下去。

腦子非常不喜歡改變，因爲它的功能不是分辨什麼對你好或不好，能夠知道什麼對你比較好的是你的心。

當腦子千頭萬緒、不想安靜下來的時候，就會釋放一些訊息讓身體不舒服，藉此停止靜坐。

在那次的內觀經驗，我學會了腦子與心是分開的。藉由不去跟隨腦子的念頭，不理會它製造出來的不舒服，腦子安靜下來的時候，心的力量才會出現，喜悅與平靜隨之而來。就好像是要撥開榴槤尖尖的刺，才能吃到裡面甜美的果實一樣，當你平靜下來，你所需要的答案自然浮現。

生命與生俱來我們所需的力量，但當社會化、教育、物質欲望等慢慢掩蓋我們的力量，靜坐就是一層一層剝開這些外皮，往裡面接觸那個柔柔軟軟又充滿力量的自己。

所以，安靜下來！你所需要的一切答案，都在你心裡。只要你安靜下來。

開始靜坐吧！從艾蜜莉這本書開始。

（本文作者為演員、瑜伽老師、作家）

—推薦序—

簡單易行的快樂之法

馬克・海曼（Mark Hyman）醫師

若說艾蜜莉的靜心風格讓我驚訝，這句話眞是太輕描淡寫了。沒想到我以前那麼緊繃、那麼焦慮、那麼暴躁。僅僅練習了兩個月，我就感覺到自己更快樂、更沉著、更不容易焦慮、精神也更好。

現在，當我睡不好時，做Ziva靜心會讓我像補過眠一樣朝氣十足。以前的我，下班後總感到非常疲倦，現在只要靜坐兩回，就能補充元氣，晚上還能出門參加活動並樂在其中。每天幾分鐘的靜心，不僅讓我集中注意力三小時，而且工作表現讓人滿意。靜心的效果滲透到了我做的每件事。

艾蜜莉的方法最令人意外的部分，或許是這練習好簡單、好方便，隨時隨地都可以做。你不必淨空思緒，不必點香，也不必獨自進入森林裡。我曾經在會議室裡、在停車場裡、在飛機上靜心——你想得到的地方我都試過。當我向我的病患推薦Ziva靜心時，會說：「往往在心情還沒好起來之前，你都不知道自己的情緒到底有多差。你還沒有試過之前，不曉得自己到底有多少能耐。」

我鼓勵每個人試試艾蜜莉的靜心法。我可以很誠實地說：我現在沒有這套靜心法就活不下去了，每天一定要花點時間來靜心。

「壓力更少，成就更多。」這是眞的。相信我。

（本文作者為美國克里夫蘭醫學中心功能醫學中心主任）

—推薦序—

你也能改變人生

安德魯・休伯曼（Andrew Huberman）博士

身爲一位對「身心健康」甚感興趣的神經科學家，我站在一個很有趣也有點尷尬的優勢地位。一方面，我發現全新的時代已經來臨，科學被用來發展出很多提升生活的有效方法。另一方面，我也看到很多人誤用**科學**這個字眼，將其當成行銷工具，用來推銷營養保健食品、神祕的呼吸法和人機介面的裝置。

說眞的，關於身心健康，目前有不少讓人感興趣、甚至效果強大的工具不斷推陳出新，但大部分都達不到我的標準。所以，我不想在這上面花時間、心力和金錢。

我的標準是：

1. 準確深入的說明。我得先知道這過程中會發生什麼事。

2. **預期效果**。我必須知道我在使用過程中與使用後，能合理預期達到的效果。

3. **執行方法**。必須要有清楚的敘述，讓我知道要怎麼做、什麼時候做，以及怎麼做。

4. **顯著的變化**。效果要有明顯、正面的差異。

這要求好像很高，但我相信所有自稱老師、導師、大師和網路達人者，都應該達到這些標準。所以，當我聽到有個叫做艾蜜莉．芙萊契的人和我參加同一場會議，即將上臺講靜心時，我就打算跳過那一場。又是一個熱愛瑜伽的美國人，我見多了。反正只有會議室裡才有網路訊號，所以我決定當艾蜜莉上臺的時候，在臺下處理電子郵件。

現在回想起來，我很感激自己做了這個決定。我想是艾蜜莉的話吸引了我的注意力，她說：「神經科學家落後了靜心者幾千年，現在終於趕上進度了——他們也相信靜心能讓我們的大腦更好！」畢竟，她這段話就在針對我。但仔細聽之後我發現，**她確實有兩把刷子**。

首先，艾蜜莉最與眾不同的技巧，是她能把靜心這麼「祥和」的主題講得讓人躍躍欲試，同時融入了源遠流長的背景和現代科學的探索。她很清楚經典的術語，但也願意提供淺顯易懂的定義，讓大家更了解靜心與專注的練習。我覺得這非常有用。

本書中，她會教你：正念就是要「專注當下」，而靜心是要放下過去的壓力。她甚至把「顯化」（Menifesting）的做法一步步拆解開來，讓大家都做得到。這些定義是否每個人都同意，其實沒那麼重要。重要的是，她簡明的詮釋之後，降低了門檻，讓**你**也能每天練習。

這本書完美地爲每個步驟說明了**理由**，讓讀者更清楚定期靜心可以獲得哪些好處——提升睡眠品質、思緒沉穩、不會被一點小事影響情緒、更享受性生活等；也會讓你知道在**實際練習時**，可以期待哪些效果。這是一份獨特又強大的禮物。不，你不需要連續靜坐十天，只要每天按照幾個簡單步驟，就能發揮特定且顯著的效果。她還會教你怎麼做。

你很快就會發現這本書一點也不無聊，還可能改變你的人生。

（本文作者為史丹佛大學醫學院神經科學教授）

一作者序一

讓生命更好的強大工具

你可能心想，「我？靜心？」我當初也是這個反應。從小在佛羅里達州西部長大的人，其實不太有機會接觸靜心。我參加過選美比賽，在大型量販購物商場開幕儀式上演唱國歌，還參加過很多場啤酒派對。但靜心？從來沒體驗過。

二十七歲時，我到百老匯參與《歌舞線上》的演出，擔任三位主角的替角。我從小就夢想在百老匯演出，但現實變成了一場惡夢。若表現得不好，我就會崩潰。焦慮感愈來愈強，嚴重失眠，而且開始冒出白頭髮——我才二十幾歲！我一直生病或受傷。這是我從九歲開始就想從事的工作，我明明活在夢想裡啊，事實上卻過得很悲慘。百老匯的生活應該灑滿陽光、玫瑰還有馬丁尼。然而，我在這條歌舞大道上的經驗，卻是房價高得離譜，只能分租雅房，吃鮪魚罐頭，成天抱怨大拇指又腫了。

某天，我在化妝室裡觀察另一名女演員狄恩。她是五個主唱的替角，但她和我不一樣，她總是冷靜淡定、自信穩重。在她身邊，每個人都很愉快、開心。她唱的每一首曲子都是歌頌。她跳的每一支舞都充滿歡樂。每一口食物她都很珍惜。我問她是怎麼辦到的，她說：「我有在靜心。」

一聽到她的回答，我馬上翻了個白眼，覺得不可能並嗤之以鼻。當時和現在不同，沒有神經科學可以解釋，所以我也無法理解像靜心這種行為，怎麼可能強烈影響她的表現。但我的生活愈來愈糟——我已連續一年半沒能睡過夜，工作表現當然受到了影響。最後，連我自己都覺得丟臉，我知道我得做點什麼。

狄恩說，她的靜心老師來到了紐約，問我要不要跟她去，她可以介紹我們談談。那位老師說的每句話，都說到我心坎裡；每一句都說中了。我報名了課程，才上課兩小時，我就開始「靜心」了。我抵達了從未體會過的境界，而且我很喜歡！

當晚我睡得很熟，那是我一年半來第一次的好眠。那天距離現在已超過十年，我後來再也沒有失眠過。我不再生病，白頭髮也不長了——事實上，我的頭髮還恢復原本的顏色呢。最棒的是，我又開始享受我的工作，而且更上手。我不再尋求觀眾給我的肯定和認同，矛盾的是，這反而讓我表演得更出色。我準備好隨時可以上臺，一站上舞臺就沉著而自信。我不禁開始想，**等等，為什麼不每個人都來靜心呢？**

這時，我開始動了靜心教學的念頭。我辭掉百老匯的工作，到印度旅行，在那裡展開了為期三年的教師訓練。不，我並沒有一直都待在印度，我沒那麼拚。結果這成了我這輩子最有創意、最有收穫的一件事。

當我把自己的故事說出來，大家總是問我怎麼有辦法離開一份成功的職業，敢冒風險創立Ziva中心。簡單的回答是：當我開始每天靜心以後，我的人生目標更明確了，我以前不知道自己可以這麼有精神，思考這麼深入。這本書，正是要讓讀者擁有這無比強大的工具。我的一萬名學生和我自己，每天都會和內在建立深刻的連結兩次，這本書讓你也做得到。你會學會如何減少壓力、增加活力、提升動力，進而改善表現，最後透過練習讓人生更成功。

※這不是一般靜心書

深入主題之前，我想先澄清一件事。這不是那種頌揚更高意識卻又不教你怎麼達到該境界的書。這本書的目的，就是要讓你有超凡表現。我指的不是藝術表現或舞臺上的表現而已。不管你的職業是什麼，這本書會協助你，讓你個人和專業的表現都能更上層樓。除了讓你了解壓力如何阻礙你發揮全力，更重要的是，這本書會給你實用的工具，讓你可以開始每天用來消除壓力，提升腦力、體力，最後改變人生。

接下來的幾頁，我會訓練你用一套自己就能實行的方法——「Z技巧」；這是從我在紐約工作室親自授課，以及十五日網路訓練課程所發展出來的，能協助你在工作上和生活上更輕鬆。書中的步驟，專為想要有所成就的人開發，讓你提升表現、追求卓越。無論是要簽下客戶或是照顧小孩，Z技巧能讓你保持思緒敏捷，協助你創新。每天投資自己兩回、各十五分鐘的時間，將可大幅改變你的外型及工作效率。書中許多章節最末都有練習，你可以用來做為生活的挑戰，或協助你衡量進度。

或許你已經發現，靜心在很短的時間內，就從小衆活動晉升爲許多公司會議室裡一定要安排的活動，你可能很想知道爲什麼。或許你以前也試過靜心，但後來放棄了，因爲你覺得自己永遠無法淨空思緒，或是你很難跟上步調緊湊的生活。又或許你根本沒興趣。但是，你應該會想提升生產力與表現，同時降低壓力。

不管你是哪一類型的人，你都來對地方了。本書不只要介紹靜心，還有Ziva靜心的三大心靈工具：正念、靜心和顯化。書中會爲你說明這三大工具，及其背後的科學原理，讓表現很好的人還能繼續提升認知與創意，同時減輕壓力，讓身心更健康。

目前，以靜心爲主題並經過學術審查的科學研究約有六千篇。接下來的章節，我會和大家分享諸如哈佛醫學院、史丹佛大學和威克森林大學等最振奮人心的研究，並把近期的研究發現轉化、應用在你忙碌的生活中。包括醫學認證的人體功效和科學分析，均指出靜心對神經系統確有好處。

這些發現肯定了我在學生身上的第一手觀察，當你閱讀本書並身體力行後，也會有相同的體驗：靜心可以讓你睡得更深沉，在睡眠中補充更多活力，日間更有精神；進而能更專心，不易焦慮，在需要時發揮高水準表現；靜心也能協助你將感情經營得更好，甚至擁有更美滿的性生活！我的一位學生把靜心比喻爲戴眼鏡，她沒戴上眼鏡之前從來不曉得自己看不清楚，忽然間，人生都透徹了。

我的許多學生過去都嘗試過靜心，後來因爲種種原因而放棄。這些人靠著Ziva靜心找回原本的目標，一點也不覺得自己過去很失敗，也不覺得麻煩，因爲Ziva靜心沒有一套嚴格的系統或難相處的社群。我的目標，是要讓這世界上靜心的人都不再放棄，也就是說，我要讓所有以前覺得自己無法靜心的人——不管是因爲「太忙」或是無法「淨空思緒」——都獲得他們需要的知識來正確衡量自己的進展，並且給予一套他們眞心認爲值得投資的方法。

跟隨著這本書，我會引導你自行練習，即使最忙碌的人也能輕鬆地將靜心融入生活中。不需要手機應用程式，也不需要耳機、水晶、線香、長袍。就像我之前說的，Z技巧是和緩版的Ziva靜心；我在親自授課時和線上課程中教授Ziva靜心，而Z技巧能輕鬆無痛地調整身體與心靈，讓你有更好的表現。無論這是你第一次嘗試靜心，或是已開始靜心好幾年，本書是最佳的起點，也是最佳的複習課程，讓你徹底發揮潛能。若你之前對「靜心」這個詞有點過敏，就不要用它了——只要試試Z技巧，觀察自己有何感受。若你已有靜心的習慣，但覺得太死板，或沒有達到預期效果，就來試試Z技巧吧，你會感受到差異的。

無論你的職業、理想、宗教、專業為何，也不管你過去有什麼經驗，靜心可以簡單輕鬆地協助你達成目標。任何目標皆可。重點是：**靜心是為了讓生活更好，不是為了擅長靜心**。

若你想消除壓力帶來的影響、增加內心能量、讓身體更健康、擁有更多創意與敏銳的直覺——你來對地方了。只要你願意一天進行兩次，每次花十五分鐘，就能讓人生升級。你準備好投資自己了嗎？

1

靜心不是你想的那樣

「我沒辦法靜心。」

很多人明明可以培養靜心的習慣，但當他們被問到爲什麼遲遲不開始的時候，這是他們最常見的反應。對某些人來說，「我沒辦法靜心」意思就是：「我想啊，可是說眞的，你知道我的行事曆有多滿嗎？」對其他人來說，「我沒辦法靜心」的意思很直接：「我試過，可是我辦不到，我就是會一直想東想西。」

這兩種人通常都是眞的想練習靜心，卻也深信靜心不適合他們。他們都錯了。

這是因爲「靜心」廣受誤會。不知道是誰到處宣揚靜心必須淨空思緒。我眞希望能把那個人找出來，好好教他怎麼靜心。雖然人類有可能進入不同的意識層次，而且人類是唯一靠意志就能辦到的物種，但靜心的重點不在於清空思緒。

我認爲，靜心的「重點」在於讓生活更順遂如意。若你嘗試過靜心卻備受挫折（因爲你的腦子就是拚命地想東想西），那麼我有好消息要宣布：腦子會不由自主地思考，就像心臟會不由自主地跳動一樣。我再強調一次：**腦子會不由自主地思考，就像心臟會不由自主地跳動一樣。**要是不相信，你給自己兩秒鐘，試試逼心臟不要跳動。

你還在看這本書的話，我想你無法控制心臟吧。我們可以輕易證明自己無法逼心臟停止跳動，卻一直想逼大腦不要有雜念，又覺得自己不會靜心，乾脆就放棄了。誰想要一直失敗呢？過去覺得靜心沒有用、太花時間或太難的人，往往聽到靜心就斷然拒絕。Z技巧的好處，在於這套方法根本不會失敗——而且它可以協助你提升生活中各方面的表現。這套靜心法簡單到你得用點心思才會搞砸。

科學已經證實，靜心能提升生活各面向，並保有你的競爭優勢。況且，我設計的方法非常簡單，我有信心，你一定會養成靜心的習慣（或者不再放棄靜心，但這麼說實在太拗口了）。只要找到爲你設計的方法，再加上一點訓練，讓你妥善衡量自己的進展，靜心就可以融入你的日常作息，讓你樂在其中。

不過，有一點要先說明：「靜心」這個詞已經變得像「食物」一樣了。藍莓、熱狗、壽司、薯條——這都是食物，但他們對你的身體有非常不同的影響。同樣地，靜心的方法有好幾百種，但西方人總以為這些方法都差不多，其實不同的靜心法會對身體和大腦產生非常不同的影響。

若你說你不喜歡靜心，就如同你說你不喜歡食物一樣。你能想像自己走進餐廳，向服務生說「我要一份食物」嗎？那麼服務生要端什麼給你？

靜心可分成許多不同類別：專注靜心、禪修靜心、超覺靜坐、內觀靜心、昆達里尼靜心等——這只是一部分。有些派別將靜心分成五種，有些細分成二十多種。這本書中，我們將靜心分為三類：正念、靜心、顯化。就像吃了漢堡以後，你身體的反應和喝了奇亞籽果昔不一樣，不同的靜心法也會刺激不同的大腦區塊，需要不同程度的投入和時間，對你的表現也會有不同的影響。

※那麼，我應該練習哪一種？

答案因人而異，最終只有你自己能回答。我想盡我所能提供你需要的資訊，讓你能清楚地根據資料和自身體驗為自己決定。在這本書裡，我會反覆提到兩種方法：（一）Ziva靜心，這是我親自授課和線上課程中教授的靜心法；（二）Z技巧，從Ziva靜心發展出來的版本。Z技巧也結合了正念、靜心、顯化這美妙的三大元素，但是方法更和緩，適合所有人。我親自授課時，可以為學生念梵咒、一一訓練或親自引導，但透過書本則有其困難，因此設計了一套讓你自行練習的方法。

開始前，我們先釐清正念、靜心、顯化之間的差異，後續章節會逐一講解。先從前兩項說起：正念與靜心。很多人會以為兩者是一樣的，甚至把它們當作同義詞交替使用。這是不對的，尤其這兩種練習法都漸受歡迎。其中一種是僧侶修行用的，另一種則適合生活忙碌、思緒繁雜的人。靜心逐漸成為主流後，最好清楚說明兩者的差異，才能有效溝通，不致混淆或因此感到挫折。

正念是一種「引導注意力」的心智練習，練習過程需要專注。我的定義是：察覺當下，可以有效協助你面對當下的壓力。

正念：察覺當下，可以有效協助你面對當下的壓力。

多數正念的練習，是設計來協助你觀察身體、留意當下，可以完美地讓你不再執著於過去或擔心未來。容易混淆的地方是，許多人在談正念練習時誤用了「靜心」這個詞，但他們要做的是讓你的思緒往特定的方向走。專心吐納、幻想某個畫面、想像一道瀑布、照著錄音檔裡的指示做——這都是正念練習。大部分受歡迎的「靜心」影片或手機應用程式，都屬於正念練習。這些練習很好，也能有效改變你當下的心境，而我把正念練習當作是進入靜心前的**暖身跑道**。正念練習讓我表現已經很優秀的學生，在準備讓身體深度放鬆、投入靜心前，忙碌的腦子可以找點事情做。

正念對我來說像是前菜，而在 **Ziva** 靜心中，主菜是靜心。正念在你壓力很大的當下非常有用，可以讓你立刻好過一點。如同頭痛時吃阿斯匹靈，立刻會感覺到效果。同理，當你壓力很大時，用手機播一段能引導你專注的音檔，馬上就會覺得好多了。

靜心，在我的定義中，是要幫助你擺脫來自**過去**的壓力。你的身體就像厲害的會計師：你熬了多少夜，吃了多少垃圾食物，喝了多少酒——全都儲存在細胞記憶裡。靜心讓身體深度休息、療癒，這種休息事實上比睡眠更深層。當你給身體足夠的休息，身體就會知道如何自癒，並修復壓力造成的傷害。體內的壓力愈少，就愈容易發揮最佳表現。

我所教授的靜心法源自「無爲瑜伽」（nishkam karma yoga），梵文的意思是「幾乎什麼都不做就達到和諧」。這套方法已有六千年歷史，源自古老的喜馬拉雅知識系統：「吠陀」。瑜伽、阿育吠陀、風水、針灸等知識都來自吠陀知識系統。吠陀代表知識，而這套知識比埃及金字塔還早了一千五百年。換句話說，這不是什麼新世紀口號或嬉皮引領的潮流。

無爲靜心不需要費力，不需要專心，幸好也不需要努力地「淨空思緒」。我喜歡把這套靜心法想成是「懶人靜心」。你不必把自己想像成是黑洞般虛無，你只要讓身體隨興地、自然地進入深層休息的狀態。有一個工具可以幫助你進入深層休息的狀態，那就是：梵咒。

「梵咒」也需要說明一下，因爲身心靈產業已經綁架了這個詞。梵咒不是口號，不是自我安慰，不需要你反覆念著「我是個堅強又能幹的女人！」或「我值得富足的人生！」事實上，梵咒在梵文指的是「思緒的載具」，可以是一個字或一個聲音，用來緩和或安定神經系統，讓人進入更細微的意識狀態，獲得深層、療癒的休息。

當我面對面指導學生時，我會給他們每個人不同的梵咒，讓他們能進入真正存在的第四層意識，不是醒著、睡著或做夢。在第四層意識中，你可以給身體比睡眠深入二到五倍的休息。第四章會有更多科學解釋。Ziva線上的個人課程和Z技巧，最主要的差異就在於梵咒——不同的訓練會用到不同的梵咒，靜心時念梵咒的時間也不一樣。

面對面授課時，我會給你一個專屬的、無意義的、原始的聲音。在Ziva線上課程，則會有一套流程教你選擇自己的梵咒。Z技巧是透過書本學習，所以會用較和緩、人人都適合的梵咒，讓你獲得深度的休息，結束後會覺得更清醒。你可以把這想像成充電效果超級好的一頓小睡，而且不會愈睡愈累。不需要閉上眼睛睡一個半小時，只需要十五分鐘。額外的好處是：上班時坐在椅

吠陀：源自北印度的古老知識系統，協助修行者獲得平衡、新生、完整的身心靈。這是人類對自然法則的解讀，不是教條。

梵咒：梵文中指思緒的運輸工具。梵咒可以和緩或安定神經系統，讓人進入更細微的意識狀態，獲得深層、療癒的休息。

子上、在火車上都可以深度休息，甚至是孩子在隔壁房間放聲尖叫時，也可以。

要擺脫累積在細胞和基因記憶裡的壓力，必須緩和神經系統。緩和之後，就會創造秩序。當你在細胞中建立了秩序，壓力即可逐漸釋放，讓大腦有更高的運算效能處理手上的任務，不必花精神面對累積的壓力。這就是有靜心習慣的人通常能用較少的時間，達到較高完成度的原因。

我們在本書中所傳授的技巧，結合了古代的習作和現代的神經科學。這套方法專為認真生活、努力追求目標但思緒忙碌的人而設計，不是給與世隔絕的僧侶。**「正念」協助你面對當下的壓力，「靜心」讓你擺脫過去的壓力，而「顯化」則協助你清楚思考未來的夢想。**

我們現在所做的正念練習，其實來自僧侶的靜心法。若你想成為僧侶，這書不適合你（但我認為讀者想出家的機率應該很低）。修行僧的生活和其他人的生活截然不同，他們的人生就是一場靜心。我剛開始學習時，還以為僧侶的靜心一定很高段，可能會渾身震動或漂浮起來。

事實上，若你整天都在靜心的狀態裡，可以用更溫和的方式靜心。

而我們一般人（在印度通稱爲「居士」），也就是有工作、有小孩、有公司要經營、有帳單要付的人，沒有那麼多時間靜心。我們需要一套量身訂做的方法，讓我們不管外在環境如何紛亂，都能獲得有療癒力量的深度休息。這就是梵咒的功能。Z技巧會教你一個任何場合都能使用的梵咒，你可以將它想像成船錨，讓你立刻定心，就像一把鑰匙，打開了每個人內心潛藏的無限行動力。

Z技巧就是爲了居士而開發的——我們每天要做很多事，就像飛機一樣飛來飛去，這不代表我們不能和其他架飛機交流，只是我們沒辦法停下來太久。這套方法讓我們可以花很少的時間和力氣，就能獲得最大的效果。這是爲高成就人士設計的。我將高成就人士定義爲每天都想要進步的人，想要用自己的天賦，讓我們在離開這個世界時比剛來到的時候更好。很多人都在高壓、高度緊張的環境下工作，但我們都希望能放下、離開工作，然後過著更美好的生活。

高成就人士：每天都想要進步，希望離開這個世界的時候比來的時候更好。

最後，讓我們來談談第三個元素：顯化。

顯化，就是清楚明白你在人生裡，到底要創造什麼；或是有意識地規畫出你愛的生活。我最震驚的是，原來有很多人從未花時間想清楚自己的目標。當我問學生：「你們夢想中的工作是什麼樣子？」我聽到的通常是：「現在的工作很不錯了。」當我再問：「你們眼中完美的感情是什麼樣子？」我會聽到「尊重啊」、「笑聲啊」這種陳腔濫調。然而，如同你在餐廳點餐，必須清楚知道你要吃的是什麼。

「顯化」能讓你看清楚你想要的，進而開始行動，愈來愈接近目標。你可以想像成是在偉大的宇宙餐廳向偉大的宇宙服務生點餐。

先說清楚，顯化不是魔法。不是你許願就會成眞，你還是要從沙發上站起來，

顯化：設計你愛的生活。感激你現在擁有的一切，同時想像自己過著夢想中的生活。步驟如下：

1. 感激你現在擁有的一切。
2. 想清楚你的目標。
3. 花時間想像其中一個目標已經實現了。
4. 不求成果。

這個過程可以縮短夢想與現實間的距離。

化想法爲行動。顯化是要讓你知道每個念頭都可以成眞。你學了Z技巧之後，就可以每天在「靜心」給你深度休息與連結之後練習「顯化」，這時候創造未來的力量最強大。

靜心之後立刻「顯化」，爲什麼會那麼有效呢？因爲靜心讓你進入了眞正存在的第四層意識，這和你醒著、睡著或做夢的狀態都不一樣。在第四層意識中，你的右腦和左腦一起運作，近似於剛入睡或快起床前的狀態。每次大腦在睡眠和甦醒之間切換時，會短暫地進入第四層意識，我稱爲「極樂之境」。練Z技巧時，我們也會在靜心的階段進入第四層意識。

衆所周知，在睡夢中體驗理想的生活是加速實踐夢想的好方法。新思維運動家內維爾．戈達德（Neville Goddard）早在一九四四年就於著作《感覺就是祕密》中提到這一點。每天練習兩次，你就能給自己一份神奇的禮物，爲美好未來栽下種子，並讓顯化的機會多出三倍。

如同暖身之後較容易拉筋或伸展，靜心之後的顯化也會更有效。在我親身經歷和指導上千名已有高成就還想求突破的學生之後，我發現靜心和顯化一起練習的效果，比單獨做要強大更多。

你可以靜心一整天，但若不花時間想清楚你要的是什麼，宇宙很難把你的訂單送達。同樣地，你就算把心願都貼在牆上或每天按照「吸引力法則」來練習，但當身心沒有擺脫壓力，你可能不相信宇宙會眷顧你、協助你實踐夢想。祕訣在於，我們在人生中並非想要什麼就能獲得什麼，而是我們相信自己值得什麼樣的生活，就會過著那種生活。

很多學派認爲，你的欲望是上天的提醒——其實你本來就有那個念頭了，只是欲望用更強烈的方式提醒你去追求那個目標。根據此觀念，你的欲求其實是宇宙要讓你知道，未來有什麼在等著你。

你在地鐵站裡聽到列車靠近的聲音前，或看到列車亮光前，會先感覺到一陣風，對嗎？或者，你在黎明時分、太陽冉冉上升之前，會先看到粉橘色的雲朵，對嗎？欲望和顯化正可用此種方式來理解。

※ 靜心的失敗迴圈

無論你練的是哪一種靜心法，若未接受過任何指導，你很可能根據錯誤資訊來判斷自己做得是否正確。靜心簡單到讓你無法相信，但別以為簡單就很容易（或沒用）。若可以下指令要大腦關機，或是把我們內建的助聽器關掉就能屏除雜念，該有多好。但這不是重點。地球上沒有一個絕對安靜的地方，就連喜馬拉雅山上的洞穴也是。

當你坐下來靜心，這時遠方傳來狗叫聲，或是警鈴響了，或是你右邊臀部麻了——接著你的腦子認出這些聲音和感覺，喚出了各種畫面和思緒，忽然間你的思緒就跟著跑遠了（確實是宇宙萬象啊）。當然，僧侶的思緒飄再遠，大概也不會想到鄰居有隻壞脾氣的狗，或刺刺麻麻的屁股這種瑣事上。你以為自己靜心失敗了，甚至覺得自己是個失敗的人。

第二次，你坐下來靜心，打算更專注，你心想，**我這次不要胡思亂想。我這次不要胡思亂想。我這次不要胡思亂想……**結果，當然，你開始胡思亂想了。所以你又結束了一回靜心，你不但再度淨空思緒「失敗」，而且還多了一點歉疚感。你咬緊牙根，認眞地嘗試第三次，這次選了一個完全隔音的房間，挑了一張超級舒服的椅子，絕對不會有任何事情讓你分心，阻礙你前往涅槃的境界。一切都很順利，你很舒服，你很放鬆，外面的噪音完全無法干擾你……然後你的肚子咕嚕咕嚕響了。

沒問題——你設法拉回思緒，沉浸在寂靜中。眞的，眞的，沉浸其中。**我相信，這是我這輩子去過最安靜的地方了。我連水管裡的水滴聲都聽不到。非常好，多花一點錢買防水豪華組合是對的！五金行的那個人說這筆錢會花得很值得，他說的眞對，噢，我怎麼又分心了。**你才覺得自己很會靜心了，結果又想起居家修繕的成果，瞬間讓你離開思緒的淨土。你又靜心「失敗」了。

連續失敗許多次之後，你備受打擊，最後就放棄了。誰想日復一日覺得自己很無能呢？你搞砸了，但是你更努力，你的這種付出在其他生活層面都能讓你成功，卻讓你的靜心一直失敗。

我發現「靜心的失敗迴圈」在高成就人士中特別普遍。他們往往不願意再嘗試靜心，因爲他們怕自己不會。「我連嘗試都不敢，因爲我的腦子停不下來，沒辦法靜心。」他們堅持表示，「我的腦子太忙了，沒辦法達到極樂的境界。」

靜心有時讓高成就人士卻步。他們習慣找事做，並且做得很好；他們習慣輕鬆學會新技能，靠贏得挑戰的能力來建立自我認同。然而，他們在爲架上的每一座獎盃撢灰塵時，其實心中懷著一個不願意說出來的祕密：他們一直挑軟柿子吃，而迴避了他們不擅長的事。換句話說，他們只選擇在確定能成功的領域裡生存，滿足自尊心。這樣的人生不會有成長。

剛才那句話是不是讓你縮了一下？是不是刺到你心裡了？我挑明說了吧：我懂你們這些高成就人士，因爲我也是。**我和你一樣**。我是最追求結果和成就的人，知道我們這種人最恐懼失敗。我們通常不擅長面對失敗，原因很簡單，因爲我們沒什麼失敗的經驗。因此，當我們面對一種可能無法展現優勢的新技能時，第一個反應是迴避，改找其他較能成功的事做。

若這好像在講你，我要鼓勵你用開放的心胸讀這本書。你從書中學到的技巧不是你以前獲得的那種「淨空思緒」指令，不會讓你那麼挫折。靜心練習就眞的是一種練習。即便這領域內經驗最豐富的人，也一直在成長，渴望發現他們還能持續開發潛能，大腦還能晉級到更高的意識狀態，並且產生更深刻的連結。

換句話說，我們一直在進步。只要你有能力思考，你就有能力成功地靜心。這方面我隨即會談更多，但我想回到之前說過的，**靜心是爲了讓生活更好，不是爲了擅長靜心**。沒人在乎我們擅不擅長靜心。（好啦，我希望有人在乎——我喜歡當最厲害的那個，我猜你也是。）但是，終極目標不是要變成靜心界的全球冠軍。這太蠢了。重點是什麼？靜心不是一個你在派對中可以向朋友炫耀的技巧；靜心是幫助你完成目標的方法。終極目標是獲得靜心帶來的各種好處，打造我們的人生，提升我們的表現，改善我們的互動。

靜心的時候不可能輸。我再說一次：**靜心的時候不可能輸**。每次你進入最後和緩放鬆的狀態，每次練習後靈光乍現所做的決定，每次你感覺到自己已經夠好，都是一場勝利。換句話說，你每次練習，就贏了。求表現的人怕靜心，因爲他們擔心自己不擅長靜心，這樣的人應該聽進我的話：練習Z技巧能保證你一天成功兩次。

※所以，為什麼要靜心？

到底這些事情爲什麼重要？若這個練習既快又簡單，我們每天都練習，不容妥協，會得到什麼？

接下來幾章，我們會深入探討壓力——壓力的根源，以及壓力如何影響我們全身上下的健康，深入到細胞的層次。我們也會檢視靜心背後的神經科學，以及靜心如何客觀和主觀地爲大腦帶來正面的影響。不過，現在，我只希望你從很實際、功利的角度來想一想：你的時間那麼有限、那麼寶貴，爲什麼你還要每天騰出時間來靜心？

簡單來說，因爲靜心能創造更多時間。若**你投入二%的時間，就能讓另外九八%的時間變得更好，你願不願意投資？**若你願意，繫緊安全帶，這本書將教你怎麼做。

讓我們更深入地來探討時間觀念，這似乎是所有想靜心的人最在乎的事——尤其是求好心切、在乎結果的人。我常聽人說，他們不願意靜心是因爲「我忙到沒時間靜心」或「我連上廁所或吃午餐的時間都沒有了，怎麼可能花十五分鐘坐著？」

你知道嗎？他們都沒錯。我也沒那種美國時間。這就是爲何Ziva靜心如此適合一直有事做的人：靜心就是在做事。你的大腦在靜心時不由自主地想東想西，並不代表你的大腦不聽話；這套方法直搗壓力根源，而壓力會帶來許多負面的身體反應和情緒反應。

想想看，你的手機接上插座時，並不是只「坐在那裡」，對不對？當然不是。手機在充電，這樣才能準備好在你需要用時成爲你最有效的工具。當你的電腦必須強制關機，花十五分鐘升級，螢幕上的小球一直轉，難道電腦只是「坐著」嗎？當然，你可能覺得是這樣（看起來也有點像），但你的電腦其實是爲了比以前更有效率、更強大，在清整系統、接受新的設定。

若你從來不花時間幫手機充電，會怎樣？若你的電腦從來不關機而無法升級，會怎樣？你的這些裝置還能用最佳效率運作嗎？你不給自己的大腦機會充電回春，就是不給大腦機會發揮最佳表現，而且還會耗盡腦力，到最後任何工作都無法執行。

我還有更多類似的比喻，但我想你已經懂了，點到爲止。重點是，當你用爲**你**所開發的方式來靜心（不是僧侶用的靜心方式），你其實在**創造時間**。你在優化你的認知能力，因此可以用更少的時間做更多事。Z技巧和「什麼都不做」完全相反。Z技巧讓你有意識、有方法地創造一個理想的空間，讓你在裡面用最強的能力操作先進設備。

這樣想吧，靜心不是要你「只能靜坐」，而是要幫你升級你的心智硬體，重新整理磁碟，你才能更有效地執行任何軟體，不管你人生的作業系統是哪一種——基督教、猶太教、伊斯蘭教、印度教、佛教、巴哈伊信仰（Baha'i）或任何一種勵志成長的法門，只要不是虛無主義（但我想虛無主義者靜心之後也會有收穫）。**靜心不是宗教活動，也不是一種信仰，而是一個讓你解除身體壓力並提升腦力的方式**。

我可以告訴你所有科學實證的好處，以及我上萬名學生的體驗。我可以引用文章，說明許多高成就人士都認爲靜心是他們成功的關鍵。我甚至可以指出財星五百大企業裡有幾十間都熱愛靜心。我也可以告訴你爲什麼許多業界領袖、改革者和明星都會靜心。然而，有件事我無法告訴你，就是你爲什麼應該每天靜心。最終只有你才知道答案。只有你才知道你的人生目標，以及你追求該目標的理由——那個動力在你完成目標之後還會繼續存在。換句話說，衝過終點線很值得慶祝，但當初讓你想賽跑的緣由是什麼？

我有好消息：**你不必搞懂人生才能開始靜心**。說眞的，幾乎所有勵志成長的計畫都說你要先深刻地了解自己、明白自己的驅動力和你的初衷，才能開始體驗到好處。靜心這個工具可以幫助你一面靜心一面找到答案。你開始按照本書的規畫來練習之後，就會發現你的目標不是要練會Z技巧，Z技巧其實是一套工具，讓你的心智、直覺、創意甚至你的身體都逐漸朝實踐目標的方向前進，並且更清楚你的動機。如同我們討論過的，「梵咒」的意思是「心智的運輸工具」，幫你從一個地方載到另一個地方。這時候，唯一重要的是你想不想改善目前的狀態。如果你想，你就可以開始這段旅程，然後邊走邊釐清。

你準備好做第一份回家作業了嗎？寫下你拿起這本書的動機，不管你現在覺得多模糊、多傻氣、多茫然都無所謂。你可以寫得很普通，像是

「我想要更享受生活」或是更明確的「我想在六個月內升遷」。也可以主觀一點，例如「我希望我的家人能在政治立場上有共識」、「我希望成爲更好的家長」或「我想爲這世界付出更多」。就算你說「我不知道爲什麼我很想試試靜心，但我也沒有其他法子了」也沒關係。這個問題沒有標準答案。（請記得，我當初靜心的理由很高尚呢，我只是不希望二十幾歲就開始長白頭髮。）

我閱讀本書是因為：

今天壓力如何影響了我的表現：

以一到十分（一分最糟，十分最好）來判斷我的：

◆睡眠：
◆工作表現：
◆感情生活：
◆壓力：
◆直覺：
◆創意：
◆健康：

不要跳過這份作業。誠實檢視自己壓力下的情感狀態或許很難，但說真的，不要跳過去。這可以協助你衡量自己開始每天靜心前的生活狀態。等你看完這本書、做幾次靜心之後再回來看這份作業，也會覺得很有趣。

寫下答案之後，我希望你想想這個問題：你沒有早點開始靜心的藉口是什麼？

或許你是第一次接觸靜心。或許你過去觀念錯誤，不了解靜心。或許你以前靜心過，但沒養成習慣。我猜有些人沒試過靜心，因爲這聽起來很嬉皮又有點玄。我確定大部分讀者沒有靜心，是因爲行事曆上眞的一點時間都擠不出來。不管你的理由是什麼，記下來——誠實面對自己。坦誠很重要。靜心正是在面對你最佳的可能性，所以別害怕，我們開始這趟旅程時，就是該透明一點。

※小叮嚀：帶著初學者的心態去做

進入其他章節時，我要鼓勵你對自己溫柔一點。不要覺得你必須成爲全世界最會靜心的人。就算你的腦子過於忙碌，也請不要擔心。讀到梵文或科學術語的時候也不要煩惱。

最重要的是，放下你的成見，靜心不是你想的那樣，讓自己用初學者的心態進入靜心的世界。享受這個全新（但經過時間證明）的方法來解除壓力，讓身心都準備好進入更高的意識層次，更投入生活。

這可能聽起來還是有點玄，但我保證，我很快就會用具體的方式讓你更明白。現在，我只希望你問自己是否準備好動念靜心了。沒錯，現在別無要求，只要你有這個念頭就夠了——這就足以讓我們開始，也足以改變你的餘生。

☑案例1

從負債七萬美元，到一年賺進一百二十萬

創業家 瑪麗・卡門

第一次見到艾蜜莉，是在一場商業智囊團活動中。她來演講。她有個特別的光環，不只是外型姣好和微笑充滿感染力而

已。她整個人從內而外散發光采，絕不只是外表吸引人。她氣場強大卻又淡定自信，我當下就知道，不管她用了什麼，我也要來一點。

見識過她在舞臺上的風采後的兩個月，我重新安排了行程，前往紐約市報名她的 Ziva 靜心課程。我本來就有在靜心（算是吧），但我知道靜心很深奧，我相信她可以指導我。

我的狀況並不差，生活沒有「那麼糟」。我剛結束光鮮亮麗的工作，婚姻幸福，孩子即將離家獨立，我二〇一四年剛成立自己的公司，在人生勝利組的路上繼續向前……但這只是我以為。

實際上，沒有人曉得我已經累積了七萬美元的債務，而且短短兩年就把二十萬美元存款都燒完了。我的新事業一直在虧損，金額龐大。我的信心迅速喪失，整個人分崩離析，而且變得很黏人，我超討厭自己這樣。儘管有這麼多問題，我一直相信答案必須內求，也相信在這一團混亂當中一定有我要修的課。

不過，就算答案在我心中，我也完全不曉得怎麼找到答案。

上了艾蜜莉的第一堂課之後，我就覺得好很多。或許是心理因素，管他的！剛開始靜心時，我不確定這是不是一種安慰劑效果，但我知道我在做對的事，所以決心每天靜心兩次。

我早上沒有「多餘」的時間可以靜心，便把鬧鐘往前撥。剛開始，只是提早二十分鐘，現在我比以前提早四十分鐘起床了。我先用二十分鐘靜心，再用剩下來的時間愉快地準備這一天。這種從容悠閒、充分準備開始一天的心理變化很強大，以前我總是急急忙忙，還沒出門就已經遲到了。

前兩週，我一直「忘記」要做第二回靜心。可是，我的睡眠品質已有改善，擁有更多時間，而且我的肌膚狀況、氣色看起來更好了。明明睡覺的時間變少，但我覺得精神更好，而且開始能聽到心中呼之欲出的答案。

於是我心想，若一天靜心一次都能有這種效果，那麼一天靜心兩次會怎樣？我決定不再找藉口，開始「記得」下午也要靜心。我得承認，有時很折磨，心裡還是有點「想忘記」。然而，一整年持續每天靜心兩次以後，我開始：

每天能認真工作的時間多了三小時。事情是這樣的：靜心讓我思緒清晰，可以更快做決定、更快在艱難的情況下看到答案，並且能更輕鬆地完成工作（寫部落格、寫教案、寫第三本書）。我覺得我的腦容量擴大了。

我的精神一直都不錯，但我現在的活力是過去的兩倍。我已經五十幾歲了，可是比以前更有精神！

白天有更多時間和精力，因此我的工作表現一飛沖天。工作時，我的思考不會再打結，工作成果品質好且充滿創意。我超越了自己對表現的期待。

我受邀到TED演講，這是我這輩子最「高壓」的機會。現場演講不能重錄，必須一次就講好，而我一次就完美到位！

我終於找到了我要的答案（結果真的一直藏在我心裡），調整了企業方向，改頭換面，銷售額一年內從八萬美元增加到一百二十萬美元。我持續吸引到適合的客户，他們都準備好要讓我這種女性顧問帶領他們登上巔峰。

我還能說什麼？靜心不是要改變你的本質、住進山洞裡，或盤腿坐在黑暗的房間裡等奇蹟出現。我也下過苦工，這一路沒那麼簡單，但我獲益無限。

我現在無法想像自己中斷靜心的生活了。我回不去了，因為成效很明顯。Ziva靜心改變了我的人生。

2

爲何全球成功人士都在靜心

深呼吸，肩膀自然下垂，聽清楚了：匆匆忙忙、一心多用、重複確認只是讓你更沒有效率。我們總認爲忙碌就有生產力。我們給忙碌太多光環了。我們覺得閒下來就是浪費時間。我們錯了。

※壓力不等於生產力

以前我和很多人一樣，覺得壓力就是生產力——想成功就少不了壓力。那是我開始靜心前的觀念，和靜心之後的觀念天差地遠。現在，我認爲壓力和擔心都是浪費力氣。

我在持續靜心十年後，受邀到希臘生物駭客會議演講。臺下有不少重量級觀眾，演講時還同步錄影、放送給兩百萬人收看。這是我的第一場演講，也是第一次在演講中使用投影片。我有預感，這場演講會改變我的職涯方向。上臺之前，我很冷靜、從容。當然，我的感官變得敏銳。若是以前的我，在這樣的場合一定會全身發抖，但我現在讓自己成爲知識的容器，爲觀眾盛裝打扮、讓觀眾分享。擔心和壓力被自信所取代，我知道宇宙會罩我。

這場演講成了我的職涯亮點。座無虛席，而且當演講結束時，全場起立鼓掌。觀衆聽得出來你是爲了他們還是爲了自己上臺。壓力讓你處在求生模式，只聚焦於自己。而靜心讓你跳脫原始「只能選擇要戰鬥或逃跑」的求生模式，因此可以更大方地分享，甚至在高壓下迸發出許多創意。

我如何建立信心、事前充分準備、從容上臺並輕鬆面對挑戰？

每天找時間靜心。

沒錯，我要你每天放下一點你最寶貴的資源。我們每天都會做些閒事打發時間——看電視、瀏覽社群媒體、看網路上的貓咪影片。這些事情不會提升我們的生產力，既然如此，何妨花幾分鐘眞正提升你的表現，並讓你變成一個更優秀、更有效率的人？

你能想到的許多最忙碌的人，都會每天花點時間靜心。並非因爲他們有充裕的美國時間，而是他們研究過大腦和身體，他們知道不靜心的機會成本有多高。在Ziva，我們喜歡和高成就人士共事，他們一想到自己的任務就發光發亮。旅遊生活頻道《時尚大忌》節目主持人史黛西．倫敦就是這樣的人。她透過時尚，幫助各種體型、不同年紀的人對自己的儀表感到更自在。她來Ziva學靜心時，並不相信靜心能幫助她。「我就是那種一直覺得自己沒時間靜心的人，」她承認，「誰有那種時間，對吧？現在我知道那只是藉口。你愈忙，靜心就能給你愈多好處。」

多數人未體會過，原來你的身體和心智都有能力可以處理——甚至超越——你的各種需求。但壓力給了我們情緒遮罩，阻擋到最後讓我們無法發揮精力。當我們讓大腦充電、重新整理磁碟時，就是在建立心智能力，增加我們的創意。若把工作、家事和各種需求，想成是人生的賽跑，那麼靜心就是訓練——也就是大腦的健身計畫，讓你在生活各方面發揮高水準表現。

靜心能協助你更迅速、更優雅地完成所有任務。你想想：每天（總共）花三十分鐘靜心，就能有更強的戰鬥力。你可以用更少的時間完成挑戰、解決問題。麥可．崔納是「全球貧窮專案」的國家主管和「全球公民節」的前任執行製作，他來找我學靜心時，很訝異自己有那麼多收穫。「更平靜、更放鬆、更澄澈的感覺。」他說，「我認爲這絕對是你最好的投資。」

一天靜心三十分鐘的投資報酬就是：你可以做更多事，感覺更輕鬆，並且完成一些你以前覺得不可能辦到的目標；你會增加解決問題的能力，用更開闊的心態找出有創意的解決方法，擁有更多精力面對逆境；你處理挫折的能力會增加，還會很驚訝自己有能力做這麼多事。

※搞對靜心

第一章曾提及，我們所說的靜心來自「無爲瑜伽」，幾乎什麼都不做就達到和諧——也就是說，靜心適合忙碌的人。

透過這種靜心，你會讓身體和大腦深沉地休息——比睡眠的效果深入二到五倍！因此可釋放這輩子不斷累積的壓力。大家熟知的靜心方式，通常會讓他們以爲有一種「最好」或「完美」的靜心法，反而讓我們這些不完美的人產生挫折感。

我開發Z技巧的原因在於，只要你有幾分鐘的空檔，便可隨時隨地進行（這也是為什麼Z技巧愈來愈受歡迎）。你不需要穿袍子，不需要點香，不需要等環境安靜或等自己冷靜下來，更不需要等周遭盡是陽光和玫瑰才能進行。我們會反覆提起這個觀念，因此你不必擔心你得「淨空思緒」——這是種對靜心的誤會。若你以前試過靜心，但因為無法讓腦子靜下來而覺得自己很失敗，請別驚慌。如我們在第一章討論的，你的大腦會不由自主地思考，就像你的心臟會不由自主地跳動。這個練習簡單得不得了，但收穫很可觀。

❊ 靜心時的大腦與身體反應

人們來學習靜心的原因各不相同。有時是因為他們有焦慮、憂鬱、失眠或偏頭痛的問題。有時是因為他們被診斷出無法治療的疾病。但我發現更多人來靜心是為了有更好的表現。事實上，我認為Ziva靜心是一種可以提升表現的靜心。為了這本書，我特別調整了練習法。

過去四十年，神經科學研究人員已證明靜心者六千年來就很清楚的事實。科學證實，靜心會增加大腦中的灰質和白質，也就是讓負責連結左腦和右腦的結構——胼胝體——增大。這很寶貴，因爲我們在日常生活中通常較重視左腦的使用。左腦負責分析和判斷——從用字遣詞、平衡收支到管理各種責任。但右腦負責創意，控制了直覺、美感和創造力。

靜心能讓你大腦中負責分析和直覺的部分連接得更好（也就是你的判斷腦和你的創意腦），讓大腦可以眞正和諧地合作。靜心時，你的「腦島」和「背內側前額葉皮質」的溝通會改善。腦島是大腦的情緒中心，而背內側前額葉皮質負責處理不熟悉的人的資訊。

所有感情專家、諮商師或用意良善但手腕粗糙的家長都會跟你說，溝通是良好關係的關鍵。當你讓大腦這兩塊不同的區域開始連結、互動、來回傳遞資訊時，你就是在建立完整而重要的溝通。我不是說等三天才用一個很曖昧的表情符號回覆簡訊那種溝通，而是指你可以和你的伴侶好好坐下來，看著對方的雙眼，袒露自己的靈魂，毫無保留、毫無畏懼、毫不假裝地對話。通常要到第二瓶紅酒或第三桶冰淇淋（或兩者一起來——我不介意）才會這麼開誠布公。**當你大腦中迥然不同的區塊開始密切地溝通**

時，神經路徑變成了神經高速公路，而你可以建立、強化這種連結。

負責創意的區塊和負責分析的區塊之間產生的連結，就是「第六感」的來源：直覺可以引導你在面對日常挑戰時找到更好、更有創意的解決方案。直覺可以強化你的感知，讓你在意識到之前，大腦就已經開始有效分析情勢。你的效率高到另一個層次，因爲你的創意幫助你解決了工作上和關係裡的問題。

舉例來說，亞利桑那大學研究員請人資經理連續八週進行正念練習，然後分析他們的決策能力、壓力下的專注力和他們的整體壓力值。相較於沒有上這門課的人資經理，練習正念的人資經理專注力較高，而且能在工作上投入較長的時間。最棒的是，他們的壓力值都比較低。

壓力和焦慮感會影響你的專注力，降低你解決問題的能力。這本書就是要教你如何從壓力和焦慮感中釋放自己。卡內基美隆大學的研究人員進行了一場最純粹的測試，檢驗靜心對心智的影響。他們要求三十五名失業的男性和女性進行靜心，對照組則是做放鬆的運動。你可以想像，這些人因爲找不到工作，壓力都很大。僅僅三天，靜心組就感覺好了很多。更驚人的是，掃描大腦後發現，負責處理壓力的區塊和負責專注、冷靜的區塊，兩者間的溝通改善了。經過四個月後再次檢查，靜心組血液中的壓力賀爾蒙較低；他們對找工作更樂觀，在面對日常挑戰和目標時，也更有生產力。

這些志願者身體的發炎反應也較少。發炎是現代飲食與生活方式帶來的危險。當你撞到門或拉傷肌肉，你的身體會立刻派遣痊癒機制到受傷的區域。流向傷口的血液增加了，因爲你的免疫系統派遣蛋白質和各種化學物質去修復傷口。這是個很棒的機制——除非過勞了。

生活周遭有太多事會啓動發炎反應：不營養的飲食、壓力、環境毒素等，族繁不及備載。對某些人來說，頻繁的發炎會導致自體免疫失調，例如過敏、糖尿病、狼瘡和克隆氏症。但你可以透過靜心來抑制發炎反應，降低壓力的酸性（即發炎）作用，改善睡眠，提升自癒能力，減緩發炎現象。如此一來，你就會感覺更好、呼吸更順暢，還能輕鬆控制體重、維持健康。

琳西．克雷頓是知名的教練，她的職業正要起飛時，健康卻一落千丈。她說：「我從劇場轉型到健身教練，才發現我的工作要求很高。」琳西很愛她的新職業，包括在美國精采電視臺（Bravo TV）的節目中亮相。但她一週須投入八十小時，每天都要工作，無法休息。「我很快就嘗到成功的滋味，但我卻不再關心我自己了。跨年夜，我看著鏡中的自己，我可以看到我付出的代價——全寫在臉上。」

她隨時都有很高的焦慮感。她覺得過勞、沒有衝勁、氣餒又消沉。「我的皮膚看起來很乾，頭髮毛躁，眼神悲傷，我的膝蓋四個月前受了傷，到現在還是腫痛。」朋友鼓勵她靜心，但她抗拒了一年，最後終於讓步了：「我鼓足勇氣參加Ziva靜心的說明會。」

才上幾堂課，她就注意到差異——這個差異讓她有了改變人生的體驗。她的膝蓋舊傷痊癒了，挫折感消失了，開始用更聰明的方式工作。琳西不僅減少瘋狂工作的時數，同時完成更多工作。學會靜心之後，她注意到身體與情緒健康都大幅改善：「我覺得好快樂，我可以看著鏡子，觀察自己的肌膚和秀髮多麼健康。最重要的是，我又有精力去創造我想過的生活了。」

當你很健康、身體很冷靜的時候，就能把精神用在眞正的工作上。你的生活可能依然「忙碌」，但不會混亂。你會發現你可以更優雅地面對困難和挑戰，省去各種折騰。

※壓力更少，成就更多

爲什麼靜心對工作和個人表現有這麼多影響？簡言之，靜心會重新設定你的大腦，讓你更有效率。專業術語稱爲「神經可塑性」，指大腦有自我改造的能力。大腦在解決問題時可以更創新、更有創意。靜心多年的人，甚至在測試中顯示出大腦變得**更年輕**。科學家原以爲不可能的事，是怎麼辦到的？靜心能緩和神經系統，釋放體內的壓力，讓大腦可以用最有效的方式運作，而不是持續在危機模式下。

若壓力對人類如此負面，爲什麼會有壓力？爲了理解這點，我們必須回到一萬年前，當時人類靠狩獵和採集維生。當時的你，顧著自己的事，一面採果一面想著今晚要在洞穴牆壁上畫什麼。忽然間，一隻劍齒虎從樹林裡跳出來要殺你。你的身體立刻啓動一連串化學反應，亦即我們說的「戰鬥或逃跑」模式。

首先，你的消化道灌入酸液，關閉消化功能，因爲消化食物會耗掉太多能量。你必須全力投入戰鬥或逃命。這些酸性物質會滲透你的肌膚，若老虎咬你一口，你嚐起來會很難吃。你的血液變得濃稠，若你被咬了，你不會流血過多而死。你的視線會從廣角變成隧道視覺，因此你不會分心。你的膀胱和腸道都會淨空，讓你更輕盈，可以敏捷地移動。（上臺簡報前會緊張到跑廁所，對嗎？那就是你身體原始的自我保護反應。）你的心跳加速，皮質醇和腎上腺素濃度都會增加。你的免疫系統會暫時擱置一旁，畢竟，你都快被老虎咬死了，誰在乎你會不會得癌症呢？再說一次，你必須全力投入戰鬥或逃命。

這一連串的化學反應經過幾百萬年的鍛鍊，就是爲了讓你活命，若你最迫切的需求，是不要變成石器時代肉食性動物的午餐，那麼這套機制非常有用。但是，在現代社會裡，你每天經歷這種狀況好幾次，日復一日之下，你的神經系統燒焦了，免疫系統過勞了，身體還很容易受到病毒與細菌攻擊。我們沒有了解到，我們體內有天生的智慧，以及能讓我們冷靜面對的豐沛資源——包括自癒和維生的能力——等著我們取用。當你妥善控制壓力，你的身體就能運作得更好。持續、低度、慢性的壓力會讓我們變笨、生病、變遲鈍。幸好，這不必是我們生活的常態。

這種「戰鬥或逃跑」的壓力反應，無法適應我們現代生活的需求。好消息是，在我們學會靜心並融入生活作息後，我們不僅能擺脫「戰鬥或逃跑」模式，還能開始取用我們體內的充沛精力與天生智慧。當你妥善掌握壓力（而不是讓壓力控制你），你的身體和大腦即可運用之前被浪費掉的精力；你不必再躲避想像中的老虎，就能將精力投入你想創造的生活中。

你的大腦一旦透過靜心達到了左右腦協同的狀態，世界就爲你而開。你更容易找到解決問題的方法。我不斷地聽到學生回報，我自己也體驗過。你可以很快地和孩子或同事消除歧見；找到方法滿足工作上的各種要求；或是輕鬆找到最理想的停車位。

許多企業開始讓員工靜心，因爲企業看到他們的表現提升了，彼此間的合作更順利。根據《紐約時報》報導，全球最大保險公司之一的安泰人壽，員工都可以上正念靜心課程，五萬名員工中超過四分之一報名。平均而言，參與靜心課程者表示壓力值降低了二八％，睡眠品質提升了二〇％，疼痛減少了一九％。關鍵的是，靜心者增加了工作實效，每週有生產力的時間增加了六十二分鐘，公司每年在每位員工身上省了三千美元。這堂課的需求大增；在安泰人壽，每堂課都額滿。然而正念還只是這本書要教你的三大元素之一而已！

※適應能量

我們何以有能力完成更多工作？靜心幫你獲得一股體內的資源，我稱爲「適應能量」。所謂適應能量，即是讓你面對需求或期望變化的能力，我們利用這股能量來處理不斷增加的待辦事項——我們多數人都是這樣勉強撐著的。不相信我嗎？舉個眞實例子吧：想像你星期一上午睡過頭了——你的鬧鐘竟然沒響。雖然晚起，但是沒關係，你簡化了上午的作息，準時衝出家門。

可是塞車了。每個人都慢下來看那傢伙在路邊換輪胎，害你路程上多耽擱了十五分鐘。呼！你握緊方向盤，又多燃燒了一點適應能量。你停好車，經過咖啡店，想買一杯爪哇咖啡上班的時候喝——卻發現他們正在煮一壺新的。過分開朗的服務生說：「來吧，我請你喝洋甘菊茶。」你才不想喝什麼洋甘菊，現在你火冒三丈，體內的適應能量又更少了。

這天從此刻開始愈來愈慘：遲到而被老闆飆罵；有場會議莫名地從你行事曆上消失了，害你缺席。下班回家後，你的另一半卻不懂你爲什麼心情這麼差。接著你站在流理臺旁喝水（或是更烈一點的東西），玻璃杯一滑，在廚房地板上碎了滿地。

忽然間你開始大吼大叫或捶廚房牆壁，或同時吼叫和捶牆壁。而那只不過是大創的五十元玻璃杯，明天買個新的就行了。

適應能量：你面對需求或期望（預期）變化的能力。

到底爲什麼會有這些不由自主的反應？絕對不是因爲那該死的玻璃杯。是因爲那天下午兩點左右，你的適應能量就用完了。結果，任何新的需求只會讓你的身體想發飆。從那個時間點開始，所有的問題——不管是大問題還是小問題——都讓人喘不過氣。若是你睡眠充足、工作量不大，而且體內還有足夠的適應能量，這時候摔了一個玻璃杯，你頂多皺眉罷了。小題大作不是你的選擇；那是因爲你的適應能量已經耗竭。

那麼，該如何補充適應能量？透過靜心。靜心能讓你找到能量的源頭。**若你獲得有效的工具來控制壓力程度和焦慮感，就算是天大的「挫折」也會轉變爲成長和創新的機會。**

※全球知名成功人士都在靜心

沒錯，很多人開始靜心是爲了要提升生產力。一但開始之後，你就會持續靜心，因爲靜心給你清晰的頭腦和豐沛的元氣。

若你不相信，或依然覺得你沒有時間，請想想那些非常忙碌——以及非常成功——的人，他們都願意花時間靜心。美國知名主持人歐普拉、全球最大對沖基金橋水創辦人雷・達里奧、美國國會議員提姆・萊恩、電影明星雪歌妮・薇佛、全球暢銷作家提摩西・費里斯、金球獎影后蜜雪兒・

威廉斯、好萊塢男神查寧．塔圖、知名脫口秀主持人艾倫．狄珍妮、英國薩塞克斯公爵夫人梅根．馬克爾和電影明星休．傑克曼等人。

提摩西．費里斯不但是暢銷書《身體調校聖經》的作者，還主持全世界最熱門的網路廣播節目，訪問許多成功人士；他表示，來賓中有九〇%的人一起床就靜心。

《赫芬頓郵報》創辦人雅莉娜．赫芬頓參加瑞士達沃斯的「世界經濟論壇」時，曾於報導中表示，當地的大新聞就是所有執行長都承認他們會靜心。歐普拉也說，靜心讓她的生產力提升了一千倍。我訓練過的明星、創業家、改變推動者都告訴我，靜心造就了他們敏銳的直覺、源源不絕的精神，最終讓他們獲得成功。

最重要的是，靜心能讓你的欲望引導你實踐才華和天賦。許多人都有種錯覺，以為幸福建立在別人身上，要到某地或實現某財務目標才能獲得幸福。你會發現，你追求的目標其實早就存在心中。靜心不只是改變人生的練習，還能讓你改變周遭的人，讓身邊的世界更美好。

※本書練習的注意事項

我們都希望發揮最佳表現，但面對挑戰時的執行力，才能鑑別出誰是高成就人士、誰會被困住而無法發揮潛力。在浴室裡，每個人都很會唱歌；在客廳裡，每個人都很會簡報。但是，沒上場之前，你表現多好都不算數。差別在於，你是否擁有一套工具，讓你的身體和心智都做好上場的準備。

本書許多章節最末所附的練習，即是非常好用的工具。例如「閉眼練習」——目的在引導你的專注力；「睜眼練習」——目的在讓你用不同的方式思考，是非常務實的工具。

這些練習，都是設計來幫助你面對眞實生活狀況，或在你每天兩次實行Z技巧之間，提振你的能量。可以想成是一種犒賞，或是在上班過程中重新開機，讓你將擔憂轉化爲燃料，將壓力轉化爲優勢。如此一來，你便能享受高壓環境而不會逃避壓力！你將學習如何自行運用這些輔助技巧，養成習慣後，你能很自然地讓面對壓力時的反應，從「戰鬥或逃跑」變成

「留下來享受」。無論你是否得過奧斯卡獎，無論你是奧林匹克選手或是自行創業——每個人在高度要求的狀況下，都會緊張。表現最好的人就是能夠改寫恐懼的人。

有些練習只是小訣竅，讓你可以整合到日常作息中，協助你減少壓力或改善表現；有些則是利用呼吸吐納來重新設定大腦和身體；有些則利用想像，幫助你看到腦中的畫面，清楚看見你想要的生活。已故心靈大師偉恩·戴爾說過：「你相信的時候，就會看見。」

閉眼練習

兩倍吐納

這個簡單卻效果強大的呼吸技巧，可以避免你掉進壓力的汙水坑裡，幫助你活在當下。

你無法和你的壓力協商。當你在「戰鬥或逃跑」的模式下，杏仁核控制了你。杏仁核是大腦中很古老的區塊，在發展語言能力前就有了，因此你怎麼叫自己放鬆都沒有用。（若是別人叫你放鬆，效果一定更差。）大腦中感受壓力的部分是不懂語言的，必須從身體或化學物質下手。這就是兩倍吐納法的功效。

此法神奇之處，在於將吐氣的時間延長一倍。這可以鎮定迷走神經，那是大腦和身體的主要連結。當你放鬆迷走神經，資訊就會開始從大腦流向身體，也會從身體流向大腦，讓你可以接收宇宙提出的解決方案。

步驟：

1. 鼻子吸氣，從一數到二。嘴巴吐氣，從一數到四。若你真的壓力很大，甚至可以不閉上眼睛，在房間裡走來走去。
2. 再一次，鼻子吸氣數到二。從嘴巴吐氣，一數到四。
3. 重複，吸氣兩拍，吐氣四拍。若你現在較冷靜了，可以坐下來閉上雙眼。持續三分鐘，或吐納十五回。

4. 注意呼吸和當下後，想想此刻你最感激的三件事。我是認真的。列出三件要感激的事。人無法同時心懷感激和恐懼。感激之情一出現，恐懼就消失了。

留意你在練習前後的感受有何不同。這個練習刻意設計得很簡單。我有許多學生說，花幾分鐘練習兩倍吐納法，就足以阻止恐慌症發作，只要早點察覺自己的壓力就行了。現在，請在心裡為自己鼓掌，放心地過這一天，因為你知道你有足夠的力量維護心理健康。

3

壓力會讓你變笨

壓力也有用處，壓力可以讓你的身體又撐過一天。但你眞的希望一輩子就這樣硬撐嗎？「好，我今天沒有被野獸吃掉，所以又賺了一天。」爲了讓我們脫離一直「戰鬥或逃跑」的狀態，我們必須每天消除累積在細胞記憶裡的壓力，才能用優於求生模式的方法過日子。但是，多數人都被卡在這裡。

現代生活中，有些高壓狀況確實是需要我們「戰鬥或逃跑」的化學反應，例如你在暗巷裡遭襲的時候，或是必須發揮神力抬起一輛壓到小嬰兒的汽車，這時你就會感激體內的反應讓你的身體和大腦順利合作，救了自己或別人一命。

有些運動和健康生活方式會產生「興奮反應」，或稱爲良性壓力，例如冷水澡、冰水浴、三溫暖或高強度間歇訓練。這些短期活動會喚醒你的身體，讓細胞回春；在短時間內讓身體接受大量刺激，消除軟弱的粒線體（細胞的發電廠），並讓強壯的粒線體得到更多能量。如同大部分運動，這些活動可以幫你甩開當下的壓力。

然而，我們若想擺脫累積至今的壓力，就必須透過靜心讓身體獲得深沉的休息。多數良性壓力都很短暫，讓你的身體有機會立刻燃燒壓力激素，而不會累積成長期壓力。**給身體壓力並不是壞事，但長期處在壓力下的生活，是有毒的。**

很可惜，人類大腦中負責在高壓狀況下分泌激素的反射區塊，並不知道如何區別生死關頭和情侶分手、交稿期限的壓力。換句話說，我們的大腦面對多數要求時，都會當作是虎口逃生，即便這些關卡不會威脅到生命。結果，我們在二十一世紀生活，但身體和大腦卻準備面對多數人生活中已經不會碰到的威脅——負面影響因此累積得很快。

我們都知道壓力很大時的感覺：無法冷靜思考；雙手顫抖，連簡單的動作都無法完成；壓力持續累積，導致你無法做出理想的決定。想像一下，若你每天都在要求很高、成敗得失影響劇烈的狀態下度日，是什麼感受。等等——這就是你現在的生活，不是嗎？

當我們看著時間滴答流失，就算當下不在恐慌模式，我們還是活在一個高度緊繃和焦慮感爆表的世界——但別人仍期待我們表現得一切都無所謂。若你曾因無法面對所有要求而覺得喘不過氣，我希望你對自己溫柔些，那不是你的錯。你的大腦和身體，用它們僅知的一種方法來回應壓力。我的目標是要教你另一種方法，此法可能會改變你人生的方向。

壓力這幾年來飽受批評，很多人說壓力造成高血壓和心臟病，還有人說壓力是一種傳染病——本世紀的黑死病。我不反對這些言論，而且我這輩子都致力於逆轉壓力帶來的負面效果，但我們要動手處理壓力前，先了解一下為什麼隨著時間演進，人類的身體改變了面對壓力的反應。

※緩和神經系統

回到古代，你只能揮舞木棒恫嚇老虎或衝回洞穴裡，希望跑得比老虎快，當時你的身體可以燃燒這些壓力激素。現代人經常久坐不動，我們需要用不同的方式來釋放壓力。這就是為什麼很多人說「運動就是我的靜心」。事實並非如此。

運動是運動，靜心是靜心。兩件事並不相同，所以它們有各自的名字。這些人要表達的是，他們靠運動紓壓，就像靜心可以紓壓。從這個角度來想，運動和靜心很接近，但兩者的過程是不同的，因為運動和靜心對神經系統會產生不同的作用。

運動時，神經系統會興奮起來，增加代謝率。並不是說運動不會釋放壓力——會的。運動可以幫你擺脫今天的壓力，但靜心時，你會緩和神經系統，降低代謝率，進而擺脫過去累積至今的壓力。（別擔心——你**不會**因為靜心而變胖。代謝率只是你身體消耗氧氣的速率！）

當你讓神經系統緩和下來，你就可以用更有效率的方式消除體內積累的壓力，為更好的表現和更清晰的思緒開路。你有試過在一鍋滾水裡面拿出一粒米嗎？那不太可能做到。但只要你把鍋子從熱源上拿開幾秒鐘，讓水分子從亢奮狀態冷靜下來，你就可以輕鬆地撈出那粒米。

靜心讓你能快速地緩和神經系統，讓身體深層休息。靜心會在神經系統內創造秩序，進而解除壓力，否則壓力幾乎是不可能移除的。這還只是靜心提升生產力的方法之一。

第二章提過的胼胝體，是細薄的大腦白質，連接了左右腦的灰質。胼胝體就是神經纖維搭成的橋梁，讓一邊的腦可以和另一邊溝通，在左右腦之間來回運送神經傳導物質，使腦部正常運作。神經科學家多年來已知靜心者的胼胝體較厚，但相關不代表因果，因此無法確認神經纖維的強化是否和靜心有直接關係。幸好神經科學近來有了突破，我們能看到靜心者腦部確有不同的具體證明，靜心真的能改變大腦。你每天靜心的習慣維持得愈久，胼胝體就愈厚。

二〇一二年，加州大學洛杉磯分校神經調節與神經成像實驗室的科學家團隊發表了一份研究報告，清楚顯示定期靜心者的胼胝體會增厚。

另一個更有趣的科學實證，是哈佛大學在二〇一五年發表的實驗結果。他們讓受試者中一半的人每天靜心，並在活動開始前讓每個人做核磁共振造影。受試者的遴選考量了整體健康狀況，但所有人都說自己正面對著壓力造成的困擾。實驗過程中，受試者要回答關於心情和情緒狀態的問題；靜心組的受試者回報他們的感受都較爲正面，壓力也少了。

八週後，他們再做了一次核磁共振造影，發現開始從事靜心的人，腦部產生了不容誤解的變化：一、杏仁核——大腦的恐懼中樞——縮小了（杏仁核在大腦釋放皮質醇和其他壓力賀爾蒙時會變大）；二、腦幹變大了（製造多巴胺和血清素的地方）。這兩種激素負責快樂、滿足和愛。

只要花一分鐘想想：**僅僅兩個月，靜心對大腦的影響就足以讓核磁共振造影顯示出來**。靜心讓恐懼中樞變小，放大負責快樂、愛和用創造力解決問題的區塊。

靜心眞的可以改變一個人的大腦和心智。左腦負責過去和未來——反省以前得到的教訓，並規畫將來。左腦負責語言、判斷、分析、數學、平時收支、管理工作——這對一般大人都很重要（或至少很接近父母希望我們長大以後的樣子）。對多數人來說，尤其是高成就人士，我們每天不斷地鍛鍊左腦，重複著「思考、行動、完成目標、賺錢，以後就能開心過日子」。你的左腦已經是健美先生了。

同時，對多數生活在現代社會的人來說，我們可憐的右腦幾乎快停止發育。右腦負責當下、直覺、靈感、創意、音樂、心有靈犀。右腦讓我們可以用創造力解決問題，用更創新的方法面對問題。可惜我們的靈光只有一閃——右腦突然迸發了一下，就躲回幕後。那是因爲在我們的設定下，左腦警戒心太強了。右腦還來不及做完，左腦立刻插手接管。

看看人類的大腦，你會發現大腦分為兩半，左腦和右腦的尺寸和形狀呈現完美平衡。我不認為大自然會犯錯。**我不相信大自然給我們左右腦各半的空間，卻要我們九〇%的時候用左腦，只有一〇%的時間用右腦。**我們在靜心的時候，就是帶大腦去健身，鍛鍊胼胝體，強化左右腦之間的橋梁。這會讓腦部更和諧，表示左右腦之間的溝通和互動增加了。

這和壓力有什麼關係？很簡單：當你在高壓情況下，你會感覺到身體和心智逐漸轉向壓力反應。當左腦和右腦之間能穩定平衡時，你就不會切入戰鬥或逃跑的求生模式，你會發現你的腦子還能保持清晰、開放，可以用創造力來解決問題。你的大腦有更好的裝備在面對壓力時抵抗恐慌反應，不管是老闆的怒吼、交稿期限逼進或競爭對手虎視眈眈，你都可以從容以對，同時獲得各種靈感。

很多人都誤會了，壓力不會增加你的生產力或提升你的表現。事實上，根據吠陀解釋，「**世界上沒有壓力情境，只有你在特定情境下的壓力反應。**」換句話說，壓力不是你的遭遇，而是你面對遭遇時的反應。

當你變成靜心老師，你就變成了壓力專家。在西方，壓力已如傳染病，在其他地方也一樣。然而，我們講到「壓力」一詞的時候，到底要表達什麼？

我們先花一分鐘討論壓力不是什麼：壓力不是期限、分手、年節親戚大團圓或早上通勤的過程。這些都是**需求**，這些事情會索取你的時間和注意力，消耗你的適應能量。因此，我不再用「壓力」這個詞來描述我們個人和工作生活中承受的壓迫感了，我改稱為「需求」。我們同時要面對許多需求，我們的壓力是承受這些需求後的負面影響。

你吃下去的每一頓速食餐點、喝下去的每一杯威士忌、熬過的夜、搭過的飛機——都會燃燒體內的適應能量。不見得「不好」，但這不是我們身體和心智演化後能接受的常態。這會影響你現在處理壓力的方式，以及未來處理壓力的方式。也就是說，若你有很多需求，燃燒了你的適應能量，然後又有新的需求，你的身體會不由自主地進入求生模式。所以，壓力是你對遭遇的反應，不是那個遭遇。

適應能量：身體面對期待改變或需求變化的能力。
需求：壓力的新稱。

我們不是根據已知的情勢來行動，而是根據神經系統內的壓力值來採取行動。希望這消息讓你聽了很放心，這表示你以前買了勵志成長書卻沒有進步，不是你的問題。更妙的是，你在本書學到的技巧，可以讓你在重組硬碟（就是你的大腦）之後開始根據資訊進行判斷和決策。

對多數人來說，這觀念很陌生，所以我想把這些新詞彙組合起來。當你的**適應能量**用完了，這時又有新的**需求**，你的身體會不由自主地進入求生壓力反應。靜心讓你快速補充適應能量，讓你有餘裕可以選擇如何回應需求。這聽起來好像沒什麼了不起。你錯了。優雅地回應需求，不必逃命，就決定了你是活在天堂或地獄。

讓我們花點時間對照這兩個虛擬人物的一天。一位是壓力山大的蘇西，一位是表現過人的佩琪。佩琪每天靜心兩次，蘇西不會。

	壓力山大的蘇西	表現過人的佩琪
6:00 A.M.	前一天的疲倦還沒有消除，她把鬧鐘延後到 6:45。	佩琪在鬧鐘響之前就醒了，刷牙後定神進行十五分鐘的靜心。
8:00 A.M.	因為她睡過頭了，所以匆匆忙忙地趕著送女兒上學。她們都遲到了，蘇西沒時間買咖啡或早餐——但她很需要。	佩琪準備了營養的午餐，替女兒更衣、陪女兒吃飯，然後準時上學。她提早幾分鐘到辦公室。
11:00 A.M.	蘇西的老闆更改了大專案的結案日期。她很慌張，因為她已經落後了，蘇西在午餐時間繼續工作。	佩琪的老闆把專案的結案日期往前提了。她保持淡定，用創意解決問題，在九十分鐘內完成工作。她停下工作去吃午餐，享受了戶外時光。
3:00 P.M.	蘇西來不及在期限前完成，但最後還是交出去了。整天都沒有好好吃飯，工作進度又落後。蘇西去星巴克買了一杯咖啡和一片香蕉麵包。	佩琪利用沒人的會議室進行下午靜心，補充適應能量之後覺得精神一振，她投入了下午的其他任務。
6:00 P.M.	頭痛欲裂又餓得半死，蘇西回家的路上碰到車潮，生氣地對前方車潮按喇叭。	回家時，佩琪在車上聽她最喜歡的網路廣播節目，享受獨處的時間。
8:00 P.M.	蘇西和她的丈夫討論起他媽媽年事已高，過程不是很愉快。蘇西掉淚了，她覺得辛苦了一天之後，沒辦法承受那麼多。	佩琪和她丈夫討論起他媽媽年事已高，她富有同理心地傾聽，然後和丈夫一起冷靜地思考要怎麼解決這個挑戰。
8:30 P.M.	蘇西的女兒打斷他們的對話。蘇西已經沒有耐心了，這時理智線斷裂，吼著要她女兒上床睡覺。	佩琪的女兒打斷他們的對話。佩琪一把抱起她，很感激她為他們的生活帶來歡樂。她在女兒睡前說故事，給她一個晚安吻。
10:00 P.M.	蘇西的腦子已經要燒壞了，可是她還熬夜工作，因為她覺得今天的完成度太低，很挫折，希望明天會好一點。	佩琪放下書，回想自己有哪些要感激的事物。她覺得自己很棒，在高需求的一天裡從容面對，很期待明天。

※壓力和你的關係

若你和壓力山大的蘇西一樣，內心暗自渴望壓力，會怎麼樣呢？有些人把壓力當作榮譽勳章似的。我們之中有些人很享受需求——需求讓我們覺得自己很重要。

我教過很多執行長和演員型的人，他們有兩種不同的故事，但都透露出同一種癮頭。執行長的學員會很堅持：「艾蜜莉，我需要壓力。我不能鬆懈。這樣才能保持我的競爭優勢。」演員則會說：「艾蜜莉，我需要壓力，我不能鬆懈。我的創意來自我的痛苦。」

不。

你的壓力反應**不是**靈感來源，不會給你創造力或遠見。你的創意和創新能力來自右腦，不是來自求生反應。若左右腦可以清楚且輕易地溝通，你就比較能用創造力解決問題，甚至在高需求的狀況下靈機一動，找到天才的方法。壓力會讓你變笨，因為壓力會耗費你的身體和大腦太多精力，去面對不眞實的威脅。靜心時，我們取回腦力和體力，讓我們可以在更少的時間內完成更多。

我們來進行一個數學小實驗，評估你如何面對壓力。回想一下過去六個月內，壓力讓你在這些項目上花了多少錢：

酒精？

諮商療程？

咖啡？

菸？

購物發洩？

一夜情？

藥物？

娛樂性用藥？

錯過的會議？

失去的工作機會？

病假？

當你停下來，想想壓力讓你損失了多少時間、金錢、自尊，你一定會想把這種汙染源排出體外吧。本章最後的回家作業，就是計算壓力讓你浪費了多少金錢和時間。累積的壓力會慢慢將負面想法和不安全感滲透到你的生活中，就像下毒一樣。我們都是凡人，所以會找宣洩的出口讓自己好過一點。許多人因此花了很多錢，卻徒勞無功。數百億產值的廣告產業，就是靠人類想宣洩的欲念而生。

靜心不止能幫你省下冤枉錢，在你習慣每天靜心之後，靜心對你來說有無窮的價值。我們請Ziva靜心中心的畢業生在結束五個月的靜心旅程後填一份問卷，其中一道題目：「你要獲得多少錢才願意完全放棄靜心？」平均金額是九億七千五百萬美元！當然，這不是一份嚴謹的科學研究，我們也無從客觀量化，但這依然顯示出，找到自己的幸福有多高的價值。（對我個人而言，不管給我多少錢，我都不會放棄靜心。因爲，我若不靜心，就會變成一個很富有但失眠嚴重的人，筋疲力竭的人不可能享受生活！）

在我們繼續討論之前，我想請你務必花時間做功課，搞清楚壓力帶給你多少時間成本。靜心前後對照的數字差異，有很強大的效果。我們多數人都看不到自己進步了多少，也不懂得爲自己喝采，所以我想和大家分享霜妲的故事。她是我們Ziva線上課程的學員，她在開課之前和結業後，都測試了血液內皮質醇的濃度。

我三十五歲開始掉頭髮，頭皮也有幾塊地方禿了。我自認還算健康，但我發現我有簇狀禿髮（圓形禿）的問題，因爲壓力造成皮質醇過高。我一直覺得公司持續擴大成長，生活忙碌緊湊，有壓力是很正常的。我的社交生活很活躍，還覺得這是我人生最佳的樣貌。我決定採取一些改變，於是求助於艾蜜莉。我上了Ziva線上課程，開始一天靜心兩次，每次十五分鐘。效果非常好，我立刻覺得我更能活在當下，也能輕鬆處理重要決策。我開始睡得比較好，做事更有效率，有更多成就，也能放下一些以前讓我喘不過氣的事情。我這才開始活出人生眞正最佳的樣貌，每天都比過去更好。我的檢查報告也顯示出Ziva靜心改變了我的身體，壓力值減少了十倍。

上Ziva靜心線上課程之前，我體內的鈉鎂比（測量腎上腺功能的

指數）非常高——九十六，代表腎上腺素不足。最近一次檢查報告，顯示鈉鎂比從九十六降到十，表示我的壓力值和腎上腺的健康程度比五個月前進步了十倍！

※情緒排毒

在我分享靜心的技巧前，我們應該先討論身體擺脫壓力的過程。這個情緒準備的步驟可以讓你獲得最大功效，協助你透過Z技巧建立最健康、最有成效的生活方式。若我們都認同體內累積的壓力會讓我們慢下來，而且我們應該要擺脫壓力才能發揮全力，那麼接下來要問的問題就是：**壓力會去哪裡？**

靜心會把你像海綿一樣擰乾，所以，若你內心悲傷，那麼第一次練習時會釋放一些悲苦感受的壓力。憤怒、怨恨、不安全感等不愉快的情緒，都會跑出來。我會警告Ziva靜心的學員，剛開始上課的那兩週，不可以辭掉工作，不可以離婚，不可以求婚。學員聽了往往哈哈大笑——等到他們親自體驗到身心排毒時情緒多麼強烈，就笑不出來了。

事實上，壓力離開身體時，就像壓力進入身體的時候一樣苦澀。我雖然很希望揮一揮魔杖就讓你累積一輩子的壓力瞬間消失，但那不是大自然運作的方式。你四歲時可能有隻狗當著你的面呲牙咧嘴，那時創造的焦慮感可能在你釋放這股陳年壓力的時候跑出來。

這種不舒服的感受可能會出現，但你會漸漸好轉。你不可能迴避，但請放心，我在接下來的章節會陪你走過這段排毒的過程。開始練Z技巧的前兩週，你能幫自己做的最好安排，就是盡量多休息，最好身邊能有強力的後盾。或許你可以召開一個靜心讀書會，找朋友或同事一起練。有後援和鼓勵較能持之以恆。**如同戒菸、節食等許多排毒過程，最初的反應都很強烈，我們的身心要排除累積一輩子的壓力時，也是一樣。**

有些學生反應，他們以為自己已經放下過去的創傷，但仍然感受到悲傷或憤怒；有些人發現他們必須徹底改變人生的方向；有些人則不清楚為什麼會出現情緒淨化的作用，像是無緣無故落淚，或很深刻的夢境、惡夢、噁心感、暈眩感。和你分享這些並不是要嚇唬你，而是讓你做好心理準備，排毒時留意自己的變化，勇敢地面對過程中不舒服的反應。

這些反應是正常的，往往在前兩天或前兩週最劇烈。若你發現自己想辭掉工作，就去散步。若你想離婚，就去睡個覺。若你想搬家，就去洗澡。要是這些都沒用，就到 Ziva 部落線上社群 facebook.com/groups/zivaTRIBE 找其他靜心者聊聊。

很可能你在情緒排毒的過程中，都沒有這類症狀。我剛開始靜心時也沒有，但我還是從靜心獲得了許多好處。換句話說，排毒和靜心的好處之間並沒有絕對的關係。我們無法預測你的身體在紓壓初期會產生哪些反應。你只要做好心理準備，就足以面對各種狀況，並提醒自己這一切都會過去。

壓力就像惡霸，把你的身心困在永遠不安、憂慮、不滿足的狀態；壓力讓你戰戰兢兢、緊張兮兮，而且一直回頭望——就像遊樂場的小流氓。靜心讓你有足夠的安全感可以釋放情緒，讓你終於能從恐懼和恐慌中解脫。就像個慈愛的母親，靜心擁你入懷，讓你的神經系統知道你靠自

情緒淨化：排除深層情緒的過程，讓心理療癒，有時讓身體放鬆。

己就能獲得幸福和充實感，讓你覺得很安全，可以放掉一輩子的壓力。我鼓勵你站起來抵抗霸凌，雖然剛開始可能很可怕。

當一個人開始練習靜心時，可能會一頭栽進解壓的過程。我會敦促我的學生勇敢面對這短暫的不適。不舒服和痛苦不同。痛苦是一種長期緊繃的痛；不舒服只是你在釋放過程中短暫的強烈感受。跨過短期不適，你就會為未來變得更強壯、做好更多準備。剛開始練習時經歷的情緒排毒，只不過是讓身體終於能放下累積一輩子的壓力包袱。我不是要說這些反應不真實、不強烈或不深刻，只是要你知道這是壓力在離開你。你的身心終於能擺脫壓力、獲得自由，你的身心狀態都會變得更敏銳，表現更好。

若你準備好迎接更多需求、釋放體內累積的壓力、面對初期可能會經歷的不適，就可開始練習。記得這趟旅程會讓你的人生升級。壓力漸漸釋放後，你就能開始享受輕鬆的生活與充沛的精力，發揮創造力、生產力，甚至智商也會提高——在某些研究中，靜心讓受試者的智商提高了二三％！記得，壓力會讓你變笨。

睜眼練習

壓力花了你多少錢？

我們務實地來看一下。先前問你壓力的成本，不是隨便說說的，現在該列出來了。靜心幾個月之後，你將會很高興手上有這份資料。

看看這六個月內的開銷，留意壓力是如何讓你腦筋變遲鈍，還燒掉了你的存款。若有我沒寫出來的項目，你可以自己加上去。

過去六個月內，你在這些項目上花了多少錢？

酒精：

諮商：

咖啡：

菸：

瘋狂購物：

一夜情：

藥物：

娛樂性藥物：

錯過的會議：

錯失的工作機會：

病假：

現在，請想想這些事情在六個月內又花了你多少時間？（你的時間值多少？）我的學生做過這項調查，金額高達六千美元——那可是一年一萬兩千美元！接著，再請你寫下這些錢可以拿來做什麼。你的夢幻假期？請私人教練？孩子的教育基金？一天投入兩次各十五分鐘的靜心換來這些錢，是不是很值得？

若你的金額讓你產生了壓力反應，可以試試這個簡單又愉快的練習，來擺脫不知所措的感受：從鼻子吸氣，想像自己聞到了剛烤好的餅乾；屏氣一會兒，然後從口中吐氣，想像自己吹熄了生日蛋糕上的蠟燭。重複至少三回。

☑案例2

我不再靜心失敗了！

不動產開發商　麥康・福洛利

我十幾歲的那幾年，努力地把情緒武裝起來，沒有人能察覺到我的情緒，連我自己也不知道。若我很難過，就勉強自己笑；若我很生氣，就當作什麼事都沒發生。這習慣後來變成很極端的行為，我可以從很不舒服的狀況中抽身，對別人做出輕率的反應。我無法感受到自己的情緒，即使不知道自己的感受，我還是做出了重大的人生決定。

二十出頭的那幾年，我幾乎靠抗憂鬱、抗焦慮的藥和安眠藥度過。數不清的諮商師想要「治療」我，可是我和自己的感受脫節了，我都不知道他們要治我哪裡。

多年服藥後，我又急著想戒掉安眠藥的癮，開始尋找不同的方法。那時候，靜心才剛開始變成主流。我興沖沖地下載一個保證能立刻讓我好過的手機應用程式。我聽著專注練習的引導，試著聽從指示，專注在呼吸和「清空思緒」上，可是我一直不懂到底要怎麼做。後來靜心工作室如雨後春筍，我心想，我有機會學習怎麼暫停腦袋了，終於可以體驗別人口中說的那種神效！很可惜，我沒有那種收穫。我發現自己又被要求坐得更挺、專注呼吸，並且什麼都不准想。這只放大了我的焦慮感，我在那張椅子上應該很放鬆的，但我卻想著我嘗試過很多事情都失敗了，「靜心」也算。

後來，我和朋友聊天時提到這件事。她說，我可能沒找到對的靜心法。原來靜心有很多種！她開始大力推薦艾蜜莉和Ziva靜心，也提到她的生活有哪些奇妙的變化。我立刻報名了艾蜜莉的「入門講座」，當她提到她自己克服失眠的經歷，以及她的人生逐漸好轉時，我感到很嚮往。我當下就決定要學這種靜心。

過了九個月，我很高興能告訴大家，我的生活就像艾蜜莉說的，已經不一樣了。十年來第一次，我不必服用任何藥物！我可以輕鬆入睡——不靠任何輔助——而且起床時覺得休息充足、精神飽滿。最重要的是，我現在能重視自己的感受了。我能知道現在自己在經歷哪一種情緒，好好感受，然後往前進。我每一刻的反應都很真切，不再受到過往創傷的羈絆。我現在有一段認真、健康的感情，我可以完全表現自己。我在工作上更專注，也找到了各種宣洩創意的管道。

4

全世界的失眠問題

累的時候眞的很厭世。

根據美國疾病管制與預防中心的統計，超過四千零六十萬的美國人——即成年人口的三分之一——都有晚上睡不好的問題。輕微者是心神不寧，嚴重者則是臨床證實失眠症。

對某些人來說，失眠就像是躺在床上努力要睡著，但心裡列著很多那天做過的事和隔天的計畫。對其他人來說，失眠是連上床都沒辦法。他們該睡覺時反而在家裡東摸西摸或滑手機看社群媒體，因爲他們無法切斷身體和大腦的電源。另外還有些人的失眠，是差點要睡著，結果小學四年級合唱團的回憶忽然跑出來，就再也睡不著了。失眠現象有很多種表現方式，每一種都讓人抓狂。

我在百老匯「實現夢想」時，晚上要安睡都是一場戰爭。當我嘗試入睡，但那個晚上的表演給了我焦慮感、腎上腺素，還有錯亂的生理時鐘。我可能在床上躺好幾個小時，神智清醒，卻非常想休息，只知道時間分分秒秒流逝，我會更疲倦，而隔天又必須全力以赴。

近期加拿大的研究發現，一個晚上睡眠少於六小時的人，觀察力和推理能力會明顯受到影響，而長期睡眠不足的狀態近似於長期酗酒。同一份研究也發現，「睡眠不足時駕駛車輛，認知障礙的程度等同於酒後駕車。」你眞的希望你的生活，是整天都在酒後駕車的狀態嗎？

良好的睡眠對身體和心智健康十分重要。父母從我們小時候就這樣教導我們。我們兩、三歲的時候先吵著不要午睡，後來又求父母讓我們晚點睡，請他們多讀點故事或讓我們多看點電視。你的父母是不是爲了自己好，需要我們上床睡覺，他們才不會發瘋？當然——這不代表他們不對。日間清醒、職場生產力、長壽、強壯的免疫系統、甚至減重——這都已被證實是身心獲得適當休息後的好處。不過，就算知道睡眠很重要，當行程滿檔的時候，我們第一個想到要省掉的是什麼？你猜對了——就是我們的睡眠時間。我們晚點睡，早點醒，或徹夜不睡，依賴咖啡因和能量飲料或任何可以讓我們保持清醒的東西，然後撐過那一天，幾乎沒怎麼休息，隔天再繼續。我知道我以前很愧疚，你一定也是吧。我們明明知道有更好的做法，爲什麼要一直這樣對待自己？

我們活在一個「衝衝衝」的世界裡，認爲休息就是發懶，儘管我們知道只要獲得充分休息，就可以花更少時間達到更高的完成度。我們都知道，但我們還是覺得可以取巧。我要告訴你：**自然是最厲害的會計師**。就像賭場一樣：你可以耍老千——剛開始可能會嘗到一點甜頭——但是到最後，賭場總是會贏。你可以每個晚上少睡兩小時，希望身體不會注意到。一個月之內，就少了超過五十六小時的睡眠。認眞想想。若你連續一個月都晚一小時睡覺，又提早一個小時起床，你的身體就少了接近兩天半的睡眠。

許多靜心學生說他們行程滿檔，所以他們無法每天睡八小時。爲了讓討論繼續，我可以接受，但每個人都能在你擁有的時間內創造更深沉、更有效率的睡眠。想猜猜是什麼嗎？

※睡眠與靜心

科學家過去相信，睡覺時人體和大腦都會關機。直到一九五〇年代，神經成像較進步了，研究員才能了解我們整個晚上貌似在休息時，身體和大腦究竟有哪些活動。正常的成人一個晚上會經歷好幾個睡眠循環，每個循環約九十至一百一十分鐘。研究人員掃描正常成人的大腦後發現，睡眠過程中，腦部活動會上上下下，就像峰和谷，可以分成淺眠、深眠和快速眼動期。科學家將許多活動的階段分成不同的「波段」。

你漸漸入睡，眼球動作變慢，腦部漸漸結束甦醒和清楚的意識，產生較慢的α波和θ波。一至十分鐘後，腦部突然開始出現大量震盪的腦部活動，稱爲「睡眠紡錘」或「ε頻段」，接著腦部活動就會慢下來。

進入深度睡眠時，身體對外在刺激較沒有反應，眼部和肌肉活動都停了下來，大腦持續產生較慢的δ波，直到你進入快速眼動睡眠階段。這個階段裡，你的夢境最生動。你的眼睛雖然閉著卻快速移動，你的心跳和血壓都會增加。快速眼動睡眠可以持續一小時，直到大腦把你拉回第一階段，然後睡眠循環又展開。雖然科學家還不完全理解爲什麼身體和大腦在睡眠過程中會有這些反應，但他們確實知道深沉睡眠有許多好處，例如修復肌肉與傷口、將新資訊存入大腦記憶區，以及處理前一天的事件。

這個淺眠—深眠—淺眠的循環會徹夜持續重複，幾乎所有健康的成人都會經歷這些循環，足以應付工業化社會的主流需求。不過，有趣的是，針對靜心者的睡眠研究顯示，靜心者的大腦能較快在第一階段從淺眠進入深眠，而且在翌晨起床前，他們的深眠階段較長。

睡眠時，大腦繼續處理前一天獲得的資訊，因此在生活壓力大時會做有壓力的夢，看了恐怖電影之後會做惡夢——就是所謂的「日有所思，夜有所夢」。大腦正在過濾所有近期輸入的資訊，並使它與潛意識中存在的長期信念和結構保持一致。如我們之前討論的，壓力會以想法的形式離開身體，畢竟壓力是大腦產生的。

若你累積了壓力，就和西方社會每個人一樣，你的大腦會被迫用睡眠時間來釋放壓力，而不用來休息。

練習 Ziva 靜心前

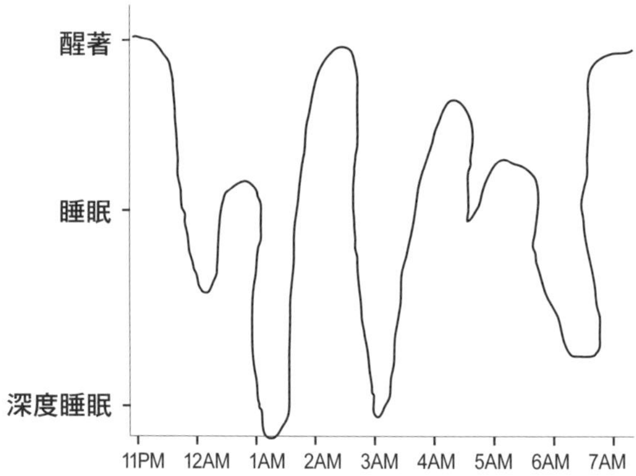

圖 1

開始 Ziva 靜心三天後

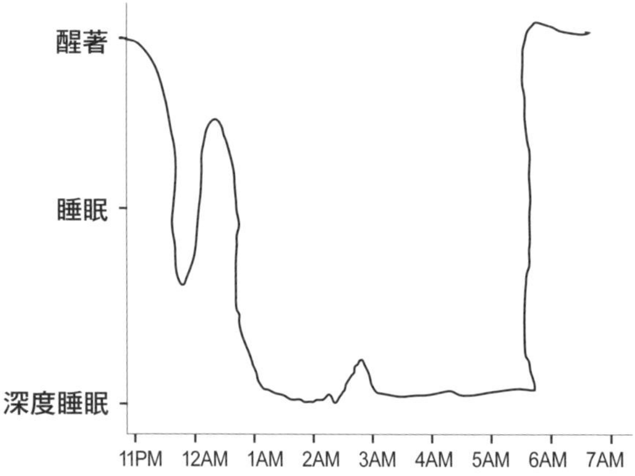

圖 2

我們可以用「數學」的方式來理解。一般的日子裡，你上班的時候有責任，還要維持銷售冠軍的地位，準備下週的簡報，付帳單，接小孩，遛狗，你一天三分之二的時間醒著，共累積了「十單位」的壓力。晚上睡八小時，足夠燃燒七單位的壓力。這聽起來還不差，對吧？對——只不過這代表你睡醒的時候還肩負著昨天留下的三單位壓力。然後，你這天又新增了十單位的壓力，代表你現在扛著十三單位。晚上睡覺時釋放了七單位——醒來的時候還有六單位。接下來又新增了十單位，這天結束時總共有十六單位，去睡覺，燃燒七單位，醒來的時候有九單位，隔天十二單位，十五，十八。日復一日，不斷重複，延續一輩子。

你看到問題了嗎？壓力會隨著時間累積，睡眠對我們多數人來說，不是一個有效的休息方式，不足以應付每天面對的需求。這就是那麼多人在研究靜心的原因。睡眠和靜心不是同一種休息。

爲求生存，大自然不允許你的身體和大腦同時深度休息。一者休息時，另一者必須站崗。當你完全熟睡時，你的呼吸會更深沉，讓你的身體獲得足夠的氧氣，要是老虎突然撲來，你可以立刻跳起來戰鬥或逃命。你在靜心時，身體可以休息，讓大腦站崗；這就是你會覺得靜心時知覺格外敏銳的原因——你的大腦維持警戒，這樣你就不會變成老虎的零食。

睡眠讓大腦休息；靜心讓身體休息。兩種你都需要，才能茁壯成長，而靜心讓你可以更有效地讓大腦和身體休息。住在紐約市的製作人許順武（Hee Sun-Woo）在他寫給我的信件中分享：「上了Ziva靜心的課之後，我二十年來第一次睡過夜。」他只是簡單地改變了日常作息，睡眠狀況就改善許多。

❊ 第四意識

我們熟悉的三種意識狀態，分別爲清醒、睡著和做夢。不過，近年來科學家、睡眠專家和其他領域的專家，進行超過三百五十份同儕互評的研究後，在一百六十種不同的科學期刊裡發布了成果，研究發現都指出同樣的結論：人類的意識狀態不止三種，靜心可以進入其他種意識狀態。

我稱第四種狀態爲「極樂」，比較常見的說法是「超然」

（transcendence），但這個詞現在已衍生出不同的聯想和包袱。「超然」在梵文的字根「超覺」（turiya）裡源自純粹意識的體驗、全然或融入當下，或在梵文中指「第四」。

你知道自己迷迷糊糊剛睡著，但還保持意識的那種感覺嗎？你可以把該心智狀態想像成一條走廊。一端的門後是睡眠狀態；另一端的門後就是超覺狀態。兩扇門都可以讓你去休息，但有一扇門後是讓身體休息的地方，另一扇門後是讓大腦休息的地方。其實很簡單，只不過我們很少思考這麼相似的感覺其實是非常相異的意識模式。

靜心就像送禮物給你的身體——讓身體有機會放鬆，而不是連在睡覺的時候都爲了保護大腦和求生而一直站崗。你在靜心時，你的身體暫停，釋放累積已久的壓力，讓你的大腦進入超意識。

超覺狀態：「充分休息但維持警戒」的低代謝狀態；有別於清醒、睡眠和夢境。在進行無為靜心時，可以進入這個狀態。當你在此狀態下，掃描影像顯示出大腦多數區域都亮了起來；進行專注練習時，腦部只有一小區塊會亮。

※靜心就是新型態咖啡因

若你還未抓到重點，我再複習一次：靜心只花你一天三十分鐘，卻可以讓你像睡整夜一樣釋放等量的壓力。從數學的角度似乎很難理解，但你要記得，睡眠和靜心是兩種迥然不同的休息方式。

靜心時達到的意識狀態，比睡眠深沉二到五倍。依此估計，十五分鐘的靜心約等於小睡六十分鐘。因此，一天進行兩次十五分鐘的靜心，等於多睡兩小時。不僅如此，因爲在休息的是身體而不是大腦，所以大腦可以優先排除緊繃的壓力和修復身體。你知道星期六進辦公室，整棟樓裡都沒有人的感覺嗎？或是你把手機關掉，暫停電子郵件通知，沒有任何事能打斷你的注意力？那是種完全不同的成就感和效率，因爲你工作時不會有二十件瑣事來分心。

我們會在第十章討論，究竟靜心如何讓大腦注意到細微的差異，辨別模式和主題，進而讓你更有生產力。你不可能消除生活中的需求，但你可以採取行動訓練心智，更能適應生活拋給你的挑戰。

最棒的是什麼？靜心結束時你會更靈敏。有人午睡之後會很難清醒，但因爲**靜心的過程中你根本沒睡**，所以不會醒不來。你的大腦在靜心的過程中會分泌極樂激素，而不是壓力激素。

這也是爲什麼我喜歡稱靜心爲「新型態咖啡因」。不少人——甚至是多數人——都把咖啡因當作睡眠的替代品或生產力工具。早上趕著出門嗎？來杯咖啡。下午需要提神嗎？來杯含咖啡因的飲料。你眞正需要的就是咖啡因，對吧？錯。你眞正需要的是休息。

咖啡因確實會讓你**感覺**更清醒，但那不是因爲它讓你獲得深沉睡眠，而是因爲它讓大腦不覺得累。

我以前覺得咖啡因不過是種溫和的刺激，讓神經系統稍微加快速度，所以喝了之後能提高生產力。但事情沒那麼單純。一天之中，大腦會持續分泌「腺苷」（adenosine），這種荷爾蒙讓你覺得睏，提醒你在身體準備要休息的時候去睡覺。咖啡因的分子結構與腺苷近似，當我們喝咖啡時，咖啡因會阻擋大腦的腺苷接收器，導致大腦無法判斷你是否疲倦。正因如此，你喝了一、兩杯咖啡因之後可以完成較多工作。聽起來很不賴，但事實上，咖啡因綁架了你的神經系統。

阻擋大腦接收腺苷的訊號，其實沒那麼嚴重——過程中你不會受傷。但當咖啡因代謝之後，接收器忽然收到了腺苷的訊號，先前被咖啡因阻擋的腺苷這時都湧入大腦中，讓你疲憊不已，所以你就喝了第二杯、第三杯、第四杯。

美國最大有機超市「全食」執行長約翰．麥基說：「若你依賴咖啡因，你的元氣是舉債借來的。」

咖啡因以人工的方式刺激腦部的神經動能。當你的腦垂體發現神經活動增加時，會認為有緊急事件發生了，讓腎上腺開始釋放腎上腺素，而腎上腺素是排名第一的壓力賀爾蒙，會讓你立刻切換到戰鬥或逃命的求生模式。這麼說來，咖啡因讓你的身體一直處在微危機中，接下來就會出現許多在第一章提過的不良副作用。簡言之，咖啡因人工地刺激了神經系統。

我想釐清一點：我沒說你從今以後不能再喝咖啡了——我自己在寫這本書的時候也會犒賞自己一、兩杯。我只希望你在吸收對身體、心智有影響的物質之前，能想清楚再決定。若益處多於害處，就好好享受。但千萬別騙自己咖啡因可以給你能量。並不會。

咖啡因可以提升你的生產力嗎？當然，但效果短暫。這就是靜心更好的原因。不要依賴外物而徹底耗掉你的腎上腺素。只要一天靜心兩次，就能從體內獲得源源不絕的精力。靜心和咖啡因一樣能讓你更有生產力，但方法不同：靜心是透過比睡眠更深沉的休息，舒緩你的神經系統（而不是刺激你的神經系統）。

當大腦和身體更自然地協同合作，你就能減少（或甚至消除）你需要的刺激量，因爲你不必靠這些東西保持清醒或維持生產力了。大腦接收得到該睡覺的訊息，你也能更有效地休息，自然可以維持長期高生產力。我們的文化認爲不斷耗費氣力是很正常的，但若我們換種方式，靠自己提升個人與工作的表現，就能奠定基礎，更投入、更有創意、休息更充分、活出更健康的你。

☑ 案例 3

揮別失眠

金融顧問　安珀・雪莉

若說我開始練習靜心前無法好好睡覺，還算是保守說法。以前，我即使知道自己必須早起，仍然會熬夜。我會糾結於我前一天說了什麼或沒說什麼，不斷在腦中重播。

我昏昏沉沉地睡著，幾個小時後又在不同程度的焦慮感中醒來。到了半夜，我又上了第二次發條。完全沒有睡意，我只好在家裡晃來晃去，檢查電子郵件，讀點書，洗澡。等我終於躺上床，已是清晨了；我覺得很氣餒，因為只剩下幾個小時可以睡。

聽到鬧鐘響，我的眼睛只能睜開一半，環顧四周後發現床上十分凌亂，枕頭都在地上，我的身體在不同的位置，和我上床的時候不一樣。我每天起床時都比前一晚上床時還累。

Ziva靜心改變了一切。

現在，我的睡眠很深沉，上床之前就知道自己會睡得很好：關了燈，拉好被子，身體呈舒服的睡姿。為什麼？你很好奇嗎？我現在可以很快就熟睡，而且一覺到天明，不會翻來覆去。當我睡醒時，床還是整整齊齊的，像是沒人躺過一樣。

我聽過很多神奇的故事，有些人只要一個晚上就能治療失眠症。我聽了朋友開始靜心後的心得，也迫不急待想得到那種豐沛的能量和清晰的思維。

但我的靜心體驗卻不是那麼一回事。

上課時，我簡直無法相信我到底有多疲倦。我暴躁易怒，還有各種疼痛。我無法保持清醒三小時以上。每次去上課，我走進去，坐下，三十分鐘內就睡昏了。上課根本都在睡。幸好，艾蜜莉讓我一輩子都可以回去旁聽。我結束靜心後回去上班，竟可以奢侈地睡上十六小時。

但是，這不是我當初報名時想要的神奇體驗。豐沛的能量和清晰的思維呢？極樂的感受呢？我記得有天上完課後，問艾蜜莉：「我怎麼會連睡十六小時？我不能這樣過日子啊——我有工作。我要過活。」

當時我經歷的，就是艾蜜莉說的解壓過程。很劇烈。我的壞脾氣和疲倦感讓我媽都懷疑靜心到底適不適合我。

連續十天，每天靜心兩次之後，我可以睡足八小時。接下來那個月，我發現自己很自然地早睡，而且更早起。我睡醒時雙眼晶亮，頭髮蓬鬆，精神飽滿，在鬧鐘響前好幾個小時，我就準備好迎接這一天了。事實上，我接下來的三年都不需要鬧鐘。我晚上只睡四到六小時，就能維持一整天的專注活力。下午若覺得精神較差，那就是我的身體在提醒我進行第二次靜心。

現在，我每天靜心兩次的習慣已經持續五年；冬季我需要睡八小時，天氣較暖時我只需要睡四到六小時。我不太容易累。靜心給我自由，讓我享受深沉休息，唯有放鬆神經系統才能有這種感受。我的神經系統充分休息後，已經教會我的身體接受和整合睡眠以外的能量來源：陽光、充足的食物、安靜的片刻、充滿啓發的對話和有意義的互動。

靜心讓我的人生升級，睡眠只是前菜。每天在椅子上靜心兩次，讓我學會如何在生活各方面更真誠地投入。靜心給我清晰的思維和充足的信心，可以在職場上大步向前，並正面改善了我和家人、朋友、金錢的關係。我現在最喜歡分享靜心這份禮物。

5

不要再生病了

過去，我覺得一年生病三、四次是很正常的；季節變化時，會聽到我對朋友抱怨哪種病正在流行；我大學時甚至因為嚴重喉嚨痛不斷復發，影響我唱歌，而必須割掉扁桃腺。

從我學靜心的那天起，一切都變了。開始每天靜心兩次之後，我持續八年半沒有生過病！沒錯，我總共省下了二十四至三十二場病。沒有感冒、沒有流感，甚至連打噴嚏都沒有——我的免疫系統會立刻來援救。（事實上，我快九年才破功，那是我婚前的單身派對，所以是我活該。）

你呢？你一年生幾次病？每次生病時，請病假、錯過好機會、拖延截稿期限、居家隔離，這些又讓你損失了多少時間？

※ 預防與療癒

大自然不會刻意讓我們生病、疲憊或時時處在壓力下。事實上，我們的身體為維持健康，內建了強大的體內藥局。不過，壓力會讓我們的身體反應不及，導致免疫系統無法順利運作。當你的壓力透過靜心釋放以後，你就能好好睡覺。大腦不忙著在睡眠中解除壓力，就有更多能力執行免疫功能。

簡單來說，靜心能幫助你擺脫慢性低度的「戰鬥或逃跑」求生模式，這種模式會讓你的免疫系統一直備戰，因爲你的身體在面對假想中的攻擊。你的身體發現沒有老虎潛伏在周圍，就可以把浪費掉的能量用來維持免疫反應，對抗疾病。

啓動免疫系統的原因有很多：病毒、細菌或過多突變細胞引發癌症。花點時間靜心，能讓神經系統安定下來，強化免疫系統，在你需要時隨時準備上場。你更健康了，就能在你的專業領域發揮正面影響力，因爲你的思緒敏捷，身體發揮該有的功能，不管是工作、會議、和顧客通話或其他重要的任務，你都不會缺席。

你沒生病的時候，表現會比較好。我知道這是理所當然，然而，只是直覺地知道什麼是最好的，不代表我們就會那麼做。我們有各種方法來保持身體健康，像是避免握手或使用洗手乳，但若你還是一直生病，不妨考慮多一項積極預防的方法。我很榮幸在全世界最頂尖的醫院爲一群內科醫生和博士研究員上課，成效卓著。許多醫院決定效法，因此我希望我們可以開始提供醫生更多工具來面對他們居高不下的壓力，更有自信地囑咐病患練習靜心，就像開處方籤一樣。有幾位醫生參加了Ziva靜心的課程，其中一位在課後寫道：

我希望每個走進我診間的患者，都會得到這麼一張處方籤，上面寫著：學習每天練習靜心，可以改變你的生活。靜心眞的會重建大腦、安定神經系統，並透過可塑性機制創新的神經路徑。靜心會減少壓力賀爾蒙（像是腎上腺素和皮質醇）、降低心跳速率和血壓，減少發炎反應，提升專注力，讓你感覺更踏實、更和諧。靜心還有更多好處。你可以隨處靜心，只要花一點時間就有無窮益處。

靜心爲身體帶來許多好處，不只是加強免疫系統、抵禦疾病，還能增強細胞修復力。二〇〇四年，日本研究員江本勝博士發表了《生命的答案水知道》，這本書很快受到矚目，迅速登上紐約時報暢銷榜。他利用顯微影像記錄了接受正面訊息的水、經常接受負面訊息的水和對照組之間，水結晶形態的差異。後續他又進行了第二場實驗，比較無汙染的泉水和受汙染的水源。

兩場實驗的結果很相近。環繞在「良善」環境與乾淨能源中的水分子，在顯微鏡下排列整齊，結出漂亮的水結晶；環繞在「負面」環境與有毒能量中的水分子，在顯微鏡下顯得很混亂，結出的水結晶形狀也不討喜。江本勝博士的結論是，若連「正面吸引力」這麼抽象的外在因素都能改變水分子狀態——而成人體內約有五〇～六五％都是水（比例根據性別和體型而異；脂肪含水量不如肌肉）——也就能推論我們周圍的外在因素和能量，對身體也會有類似的影響。

將這些發現應用於身體對壓力賀爾蒙的反應，你可以想像，若體內一直存有腎上腺素和皮質醇，我們的細胞承載著什麼樣的壓力。只要你開始固定練習靜心，就能讓身體裡流竄著多巴胺和血清素，讓身體的每個細胞都好好休息——進而自行修復、療癒。

我必須強調，我不是說靜心能治百病。若你正在服藥或進行治療，無論靜心給你的感覺有多好，改變生活作息前一定要諮詢醫護人員。靜心能做的，是配合你的療程，加強修復能力，減緩你正在面對的疾患。

※阿育吠陀醫生的處方

腎上腺素和皮質醇對身體的長期影響，可不是開玩笑的。首先，這兩種物質都很酸。（還記得我們說過，老虎要吃你的時候，賀爾蒙會讓你變得很難吃嗎？）這和身體設計精良的防禦機制有關——雖然設計精良，但壓力若長期存在，將對身體造成很大的傷害。事實上，西方的生活方式容易在我們的神經系統、器官和組織內創造一個非常酸的環境。舉例來說，常見的西方飲食中含有大量穀飼肉品，胃必須分泌更多胃酸，才能順利分解這麼多動物蛋白質；況且這些動物吃的並不是大自然所設計的飲食。

另外，我們運動的方式也會在身體內累積大量乳酸——在一小時的心肺有氧課裡把自己逼到極限，或是把重量和次數拉到最大，搞到自己筋疲力盡或鐵手鐵腿。這和許多東方運動（例如瑜伽、太極、氣功等）極爲不同，東方運動的動作較溫和，並採取不產生過多內部「火氣」（亦即酸性物質）的方式來伸展身體。這些酸性物質可能造成全身發炎，而根據阿育吠陀醫學知識和愈來愈多西方醫師的觀點，發炎就是許多慢性病的根源。

阿育吠陀醫療是全世界最古老的療癒系統之一，已流傳超過三千年。阿育吠陀醫療以全人的觀點，透過實務、運動和靜心來療癒身體它的中心思想就是，只要你學會並理解自然法則，知道你的身體、飲食和運動會如何依循這些法則互相影響，你就可以是自己的醫師。

在阿育吠陀的傳統裡，每個行爲都能爲你帶來平衡，或讓你失去平衡。疾病即是發炎——發炎導致體內特定的元素失衡。阿育吠陀醫療，即是爲了使所

阿育吠陀：「阿育」是長壽之意，「吠陀」指知識，因此阿育吠陀代表長壽的知識或生命的知識；這是全世界最完整、最有效的療癒系統之一。不只是治療疾病的方式，阿育吠陀還包含如何維護健康，讓身體與環境保持和諧。

阿育吠陀醫療：古老的知識體系，以全人的方式讓體內各元素達到平衡，協助你保持健康與活力，同時發揮完整的人體潛能。

有元素恢復平衡，讓你健康有活力，同時發揮完整的人體潛能。「阿育」是長壽之意，「吠陀」指知識。因此，阿育吠陀代表「長壽的知識」。阿育吠陀醫療關心的不止是如何治病，還包括了如何透過靜心、吐納、飲食和運動，強化健康與表現。

做出聰明的決定、吃對的食物、在對的時間進食、維持活力，這些都是老生常談。多數人知道自己**應該**怎麼做，但**真正**去做的人卻寥寥可數。那麼，靜心可以幫上什麼忙呢？它能協助你用健康習慣展開每一天。（這是種心理效益，讓你更容易持續，並採取更多健康好習慣。）此外，極樂賀爾蒙多巴胺和血清素只有在你靜心的那幾秒鐘生成，就像天然的鹼性物質，光是出現在身體裡就能平衡體內酸性。換句話說，靜心是以生物的方式反擊體內酸性物質，平衡酸鹼，讓身體在最基礎的器官層級就達到化學平衡。

每天靜心兩次，可以減少體內累積的壓力，讓免疫系統好好運作，進而減少生病的機會。這是你新的作息基礎。除此之外，你還有一些維持身體健康的妙招。以下是一些我最喜歡的「健康祕訣」：

黑胡椒茶：我的阿育吠陀醫生大力推薦此妙方，我自己試過之後成效卓著。當你覺得身體不適，或天氣寒冷而你想要預防疾病時，就可以自製這道簡單的茶飲。只要把水煮滾，倒入你最喜歡的馬克杯，將五或六顆黑胡椒磨碎後加進去。讓黑胡椒沉到杯底，把水喝下去，黑胡椒留在杯裡沒關係。黑胡椒會讓你身體溫熱起來，幫你禦寒。二到三小時喝一次，直到症狀消失即可。（專家出手：喝黑胡椒茶時最好配點食物，因為空腹喝可能會想吐。也可以把黑胡椒加進你最喜歡的茶裡。）

牛至油：生病時可以滴幾滴牛至油到喉嚨裡。只要提早發現感冒症狀，牛至油天然的抗菌與抗病毒成分就能盡早制伏感冒。但要注意！牛至油刺激性較強，請勿碰到嘴唇，否則會灼傷。（我通常一邊滴一邊想像著牛至油沿著喉嚨殺死所有病原體。）

大蒜：你的廚房裡可能已經有個超簡易的天然草藥了，那就是大蒜。大蒜具有抗病毒、抗菌的效果，對許多輕微病痛很有幫助。你可以直接吞一瓣或剁碎當成藥丸吞服，很快就會發現感冒症狀減緩，或是免於感染。

小黃瓜和薄荷：將這些簡單的食材加入飲食裡，可以幫你「降火」，自然地降低身體酸性，增加鹼性。阿育吠陀飲食即是利用小黃瓜和薄荷來有效改變體內酸鹼值。同時，這兩種食材屬涼性食物，因此可排毒並降低體內的「火氣」和酸性。

葡萄糖酸鋅噴霧、**接骨木莓果漿**，**以及高劑量的維他命D**：這些都有助於加強免疫系統。（攝取新的營養補充品之前，請先諮詢醫師；營養補充品的品質也很重要。）

靜心可以在許多方面提升身體健康，上述阿育吠陀小祕訣也經過證實，能幫助你對抗細菌和病毒引起的疾病。請記得，對靜心來說，「最多」不代表「最好」。

※我一天可以靜心超過兩次嗎？

簡單來說：不行。接下來幾章，會說明Z技巧的規則，就是一天靜心兩次，每次十五分鐘。不能自行增減。接下來九九%的時間你都要按表操課，只有以下狀況例外——這些狀況通常是因爲你的體能需求增加了。

旅行時，可增加靜心次數：在這片大陸睡著，到另一片大陸醒來並不自然。這沒有「不好」，但是當你跨時區移動的時候，你會很需要身體趕快適應。同樣地，在自然情況下，人類不會移動那麼快（比用雙腳步行或奔跑更快），所以才會有時差。我們都經歷過，也都知道出差的頭幾天還要打起精神克服時差有多麼辛苦，可是等到你調好時差，體能達到巔峰時，你又差不多該打包回家了——你的最佳狀況根本沒機會發揮。

不過，Ziva的畢業生常說起靜心的優點，最多人提到的就是靜心讓他們時差的問題變小了。許多學生說（我個人的經驗也是）靜心降低了時差的影響，甚至幾乎沒有時差。通常在旅行時，適應能量燃燒得很快。但是，因爲你的身體可以透過靜心更輕易地擺脫身體額外的負荷，並補充「適應能量」，所以能更快地適應新環境。

當人體移動的速度比奔跑更快時，就會燃燒適應能量，再加上脫水、電磁輻射、空氣循環，以及其他乘客帶來數不清的病菌，搭飛機旅行最容易生病。

飛航旅行容易讓人生病或導致病情加劇。爲了應付這些額外的體能需求，建議在旅行時增加靜心次數。你可以試試下列計畫，看怎麼調整對你最有效。

若飛航時數在五、六個小時左右，就多靜心兩次，每次各十五分鐘，亦即當天共靜心四次。建議在起飛和降落時各靜心一次。若你有旅行焦慮症，可以在起飛前和降落前靜心。其實靜心的時機不是重點，是靜心的頻率。若是短程航班（一至三小時），只要多靜心一次就夠了。若是長程航班（任何超過六小時的航班），就在飛行時每五至六小時做一次靜心。每次搭飛機都試試看，你會發現你的身體在面對飛航旅行時有顯著的差異。（若是其他旅行方式，像是公路旅行、鐵路旅行、多天遊輪，可在旅途中每天多一次靜心。）

生病時，可增加靜心次數：旅行時體能需求增加而需要多靜心，生病時也一樣。若你覺得自己快感冒或快生病，可多做一次靜心。讓你的身體多休息，能提升免疫功能並幫助你療癒。在理想的狀況中，一發現身體不對勁或喉嚨癢癢的，即可增加靜心次數，但若醫生已確定你生病，只要身體允許，就可盡量多靜心。讓你的身體決定靜心的長度和次數。當你發現自己情緒太敏感，無法正常作息，那就是次數太多了。

※靜心與藥物

偏頭痛、焦慮症、憂鬱症、不孕症、腎上腺疲勞、大腸激躁症、失眠。這些都是每天規律靜心兩次可以減緩的現象。

我知道我現在聽起來很像個中古汽車銷售員，鼓吹靜心可以治百病。但問題不應該是「**靜心怎麼能治療這麼多症狀**」而是「**壓力怎麼會把身體搞得這麼糟**」。爲了說明這一點，我們來看看科學證實靜心可以治療哪些問題；以及，雖然我沒有科學證據，但Ziva的學生經常告訴我們，他們靠靜心改善了哪些症狀。

請記得，**我不是醫生，也不能鼓勵你減少用藥劑量、停藥或停止療程**。我有許多學生都發現規律靜心可以減緩不同的症狀，我也和醫護人員合作過，見過醫師與病患都認爲他們可以逐步減少劑量或慢慢停藥。**不過，這都是在嚴格控制和監管的情況下，經過醫生諮詢與同意**。無論你感覺到自己的健康狀況進步了多少，改變療程前請務必諮詢醫護人員。

倦怠與慢性疲勞：倦怠與慢性疲勞是現代人的通病，許多練習Ziva靜心的人——包括我自己——都曾在開始靜心前經歷過。當你的身體脫離長期「戰鬥或逃跑」的緊繃狀態，大腦和身體壓力反應系統就能輕鬆復原，重新開始正常運作。我在百老匯工作的末期，每天都要吃很多草本保健食品和腎上腺素補充劑，因為我的腎上腺已經負荷過重。經過一年規律靜心，身體自我調節的能力增強，我也就不再需要這些補充劑了。

憂鬱症與焦慮症：憂鬱症與焦慮症就像銅板的兩面，都是起因於體內化學激素不平衡，而這又是因為我們過度使用左腦。右腦負責當下，左腦檢視過去並規畫未來。憂鬱症在腦中不斷重播過去「應該怎樣」或「當初要是怎樣就好了」；焦慮症則是對著不確定且無法預測的未來發慌。

如同我們討論過的，靜心讓你獲得你需要的工具，在當下站得更踏實。對飽受憂鬱症和焦慮症之苦的人來說，靜心可以幫他們重新建構過去不愉快的記憶或對未來的恐懼，並釋放壓力。在保健計畫中納入健康飲食、運動、睡眠作息、諮商或治療以及靜心後，無法計數的學生都告訴我，他們的症狀大幅緩解甚至消失了。

但請記得，剛開始靜心時會經歷「情緒排毒」的階段。若你受憂鬱症、焦慮症或任何情緒健康問題所苦，我要敦促你去諮詢專業醫療人員、治療師或你信得過的朋友，你才有充足的支持，可以勇敢地撐過釋放壓力過程中不愉快的部分。

不孕症：新手請小心！若你沒打算生小孩，請自行留意！這是我在每堂Ziva靜心課程開始時都會提出的警告。當然，若你正打算生小孩，那就走運了：靜心可以幫你受孕。事實上，我們已經有超過七十個「Ziva寶寶」，這數字還在繼續攀升！

靜心可以幫助受孕的原因有很多。首先，你的壓力解除了。「放輕鬆！不要有壓力，只要放輕鬆孩子就來了。」想懷孕卻懷不成的女生，這樣的話一定聽了不少。當然，這種話講給急著想要孩子的人聽，是沒有用的，而且她腦中的恐懼和時間倒轉的滴答聲，根本不會消失。想抱孫的爺爺奶奶和忙著敲邊鼓的三姑六婆也別擔心，我有好消息：科學似乎不認爲「只要放輕鬆」就好了。人類在求生存時，只能專心保命，無法播種。如同免疫系統在碰到緊急威脅時會退居二線，生育功能也一樣。當身體還不確定能否撐過這場饑荒、寒冬、老虎突襲，就不可能調整成能夠孕育下一代的體質，承接這美麗的任務。

其次，偏酸的體質較不利精蟲存活，偏鹼的體質才適合。因此，身體偏酸時，卵子受精的機會較低。精蟲存活的數量愈高，精卵相遇的成功機會就愈高。（若你真的受孕了，別忘記根據你的需求增加靜心的次數。讓你的寶寶在充滿極樂賀爾蒙的環境內長大，和運動、戒酒、補充孕婦維他命及魚油同樣重要。）

大腸激躁症：我也很驚訝，但愈來愈多學生表示他們開始靜心後幾週內，大腸激躁症的症狀就減緩了。想想也有道理，身體面對高需求狀況時，會把酸液都沖進消化系統裡、排空腸道，讓你的雙腿更輕盈，可以加速逃跑。當身體恢復正常，不再持續處於戰鬥或逃跑的狀態，就不會常常驚慌地在胃裡灌酸液或是清空腸道。下消化道的肌肉也能重新訓練自己用更規律的方式來排泄廢物。

偏頭痛：威克森林大學近期的研究發現，有偏頭痛的人定期靜心之後，和對照組相比，他們每次頭痛的長度平均減少了三小時。我在學員身上反覆見證這點——尤其是因爲壓力造成偏頭痛的人。我推測，這是因爲腦部的胼胝體變厚，左右腦之間的溝通增加了；但我的推測不適合引用。我只知道許多 Ziva 的校友都說，他們偏頭痛的頻率和強度平均降低了八五%。

帕金森氏症：我原本很猶豫，不確定是否要把帕金森氏症列入，因爲我只有一名學員能佐證，而且那是他意外的收穫。但我見證了劇烈的轉折，深受感動，留下了深刻的印象。

我有一對夫妻學員預約了私人靜心課程。男學員接近七十歲，身體因罹患帕金森氏症而明顯地顫抖。上課第一天，我給了他專屬的梵咒，他原先只是照著念，顫抖的情況不減反增。然而，當他閉上眼睛在心中默念，顫抖症狀漸漸減緩，可以上完整堂靜心課，甚至到了課後五分鐘，才又開始顫抖。

當我們都睜開雙眼，他問我是否發現他不再顫抖。我當然發現了，且認爲那是我教學生涯中最強大、最受感動的一刻。看著別人有如此立即的變化與深層的舒緩，就像經歷奇蹟一般，我感動不已，趁他發現之前擦乾眼淚，免得讓他不自在。隔天，他和太太發現顫抖的狀況在靜心後暫停了十分鐘，隔天暫停了十五分鐘。他們持續靜心，後來他每天可以有好幾個小時不會顫抖。

人工合成的多巴胺和血清素，常用來緩和帕金森氏症造成的顫抖，所以人體自然生成的多巴胺和血清素能有同樣（甚至更好）的效果，也就不奇怪了！

請不要誤會我的意思，我沒有宣稱也無法主張靜心能治癒帕金森氏症，但我相信患者可以好過一點。

痛楚：二〇一五年，威克森林大學的神經科學家進行了一場實驗，評估人類的痛覺。他們將攝氏四十九度的熱探針放在受試者的腿上，以當時受試者的痛苦程度和情緒狀態作爲基線。接著，每一組受試者接受不同的療法，例如安慰劑止痛膏、有聲書、「靜坐冥想」（就是聽從指示坐在椅子上呼吸），或眞正的正念訓練。科學家發現，正念組的痛苦程度減少二七%，痛苦造成的情緒反應減少四四%，包括他們對此不適感的焦慮也明顯降低。而安慰劑組的痛苦程度只減少一一％，情緒反應平均降低十三％。

除了痛覺，恐懼會加強痛感。現在美國鴉片類藥物氾濫，任何能取代容易成癮藥物的療法，都應該受到鼓勵。靜心的效果正是如此。

上面幾個段落，我用字遣詞都非常謹慎，因爲我不希望任何人覺得我的主張誇大不實或空穴來風。我相信靜心可以處理很多健康問題，包括預防疾病與治療疾病。在某些狀況下，科學愈來愈支持每天靜心的習慣。我不知道該如何解釋，但我無法否認自己經歷的效果或我親眼見證過的改變，以及許多學員都分享了相同的經歷。其實靜心者數千年來就已經明白的道理，科學才正要追趕進度。無論如何，減少生病的天數，降低痛苦的程度，就代表你有更多時間探索這個世界，創造更多美好！

說到底，靜心能協助你接受你現在的處境、擁抱各種療癒的可能性。科學已證實靜心可以管理痛覺，因爲靜心過程中釋放的極樂賀爾蒙，就是天然的解方，讓你擺脫不愉快的感受。但我相信，這其實和化學激素無關，而是正念關閉了腦部和身體的反饋迴路。當你細心聆聽身體要溝通的訊息，你的身體就不需要過度反應、大吼大叫。所有痛覺都是在向你溝通，當你認眞傾聽身體的低語，身體就不必拆了整間房子才能獲得你的注意。我的意思不是說靜心像安慰劑，相反地，當你讓心智解壓，就能幫大腦做好療癒的工作，保護身體。

記得，你的身體和你是一組的——身體也想要發揮完整潛能。我再提醒一次，我不認爲大自然希望我們生病、疲倦、隨時緊繃。當你給身體所有能順利運作的工具，包括靜心、正念、顯化，身體就會報答你，讓你休息得更徹底，免疫系統更強健，使你更健康，擁有更好的表現。

睜眼練習

降火吐納

當你快無法保持冷靜的時候（也就是火氣上來時），或覺得體內酸性過高時，就利用這個練習。

把舌頭像吸管一樣捲起來，吸氣五秒，吐氣五秒，讓空氣在吸吐時都通過你捲起的舌頭。讓空氣從舌頭上流過，為身體和腹部帶來清涼的感受。

這方法很簡單，卻能有效讓你冷靜下來。下次要是小孩、同事、奧客或車陣裡的其他駕駛惹你生氣，就試試這招吧。

閉眼練習

對自己喊話，療癒身體

當你快生病或已經生病時，可以用這段話來伴自己入眠。你可以錄下自己念這段話的聲音：

我的身體明白要如何自療。

我的細胞很強壯。

疾病就是在大掃除，讓我更強壯。謝謝身體，謝謝自然教我這一課。

我願意學習、接納這些觀念。

我能有足夠的時間好好休息。

我值得足夠的時間好好療癒。

我允許自己臣服在這個體驗中，因為這只是暫時的。

我要讓自己經歷所有的不適，因為我知道我愈不抵抗，就能愈早結束病程。

我已經比原本更強壯了。

我的身體完全清楚要如何迅速、徹底地自療。

我已經逐漸恢復了。

我已經逐漸恢復了。

我已經逐漸恢復了。

☑ 案例 4

體驗癌症，而不是對抗癌症

金融科技公司經理　凱西・彼得森

很多人覺得癌症改變了我，其實他們都錯了。

當我發覺自己麻木地和朋友聚餐，卻忍不住注意到對面的情侶和大家不太一樣時，還沒有人曉得我已經確診罹患乳癌。我開玩笑地問他們是否在治病。「不。」他們回答，「我們在靜心。」我知道接下來自己要經歷哪些磨難，便說：「我想我也需要試試。」接著我就出現在艾蜜莉的教室門口。

因此，對我而言，這一切都是同時發生的：手術、療程、化療、放射線、靜心。我從未經歷這種事情，不知道要期待什麼。第一次發現自己靜心後的身體變化，是我手術後在恢復室裡等候時。我身上接了一個管子，讓我在注射時減少血管磨損。我躺在恢復室裡，聽著護理師告訴我姊姊，必須等我吃點食物、能夠走動、生命跡象都恢復正常後才能出院，可能要好幾個小時。我聽了這句話，便撐起身體，完成一次靜心。沒想到，跌破大家眼鏡，我竟然在一小時之內就能回家了。護理師也很訝異，表示他們從未見過任何人恢復如此快速。

靜心的習慣不只作用在我的身體上，包括面對癌症和療程的態度，都起了變化。簡言之，我不再和療程對抗，我在這個過程中臣服了，不再控制自己的身體。臣服不代表放棄，差遠了。臣服取代了磨難，反而讓我感覺很平靜、自在。我自己就有能力創造出我要的體驗。

我的女友發現了這個變化，看到我愈來愈正常的作息起居。她有點煩惱，甚至問我的腫瘤科醫師，療程到底有沒有效，我怎麼看起來那麼正常。

醫師看著我，再看看她，說：「珊蒂，她很勇敢，藥物都在發揮作用。」

醫師確實仔細地檢查了一番，問我做了什麼。我說我有靜心，她點點頭表示：「很好，繼續靜心。我很少看到其他患者恢復得這麼好。」

寫這篇文章時，我正在慶祝最後一次療程至今已屆兩週年。我毫不遲疑地相信，是靜心改變了我，我很感激我在最需要靜心時發現了這套工具。我非常相信靜心的效果，實際上，我還把艾蜜莉帶來我的公司，讓超過七十五位同事也認識靜心。

看到大家搭電梯下樓前往靜心室時，我非常有成就感；當我在走廊上和同事擦肩而過，我知道他們都有「祕密武器」可以在下午充電，也常聽他們說自己睡得更好，或發覺新觀點，或壓力更少、生產力提高、也更快樂了。

6

正牌的青春之泉

若你不相信長期在壓力下生活老得快，只要比較所有總統上任當天和卸任當天的照片就行了。超過四年背負著全世界的壓力，他們無一倖免，全都看起來更老邁、頭髮更蒼白、臉上更多皺紋，站起來也沒那麼挺了。持續高需求又睡得少的生活、永遠做不完的工作，導致壓力快速累積，身體迅速老化。

壓力的影響對總統而言可能特別激烈，對我們也不容小覷。我們看到壓力在臉上積累，包含睡眠不足造成眼袋，經常皺眉也在額頭留下了紋路。連續幾週沒睡飽、連續好幾年未排解憤怒與悲傷，我們會感受到身體裡日積月累的壓力。

無論生活需求在你臉上鑿出了什麼痕跡，都會導致難以消解的壓力，並隨著年紀愈發沉重——而我們的身體就要付出代價。提早變白的頭髮、蠟黃的臉色、疼痛的關節、揮之不去的疲倦感，這些都見證了我們是多麼大方地讓壓力長駐在身體和大腦裡（而且沒有付租金）。沒有人會在消耗體力與情緒的一天結束後，看到鏡子裡的自己時還想著，**哇，我真是容光煥發！我應該要去拍大頭照換新駕照！**壓力在任何人臉上都不好看。

壓力為什麼會對身體造成如此大的傷害？其中一個重要因素，就是我們已經反覆提到很多次的兇手：壓力會在體內增加酸液。回想一下被老虎攻擊的畫面，你的大腦進入了戰鬥或逃跑的模式，開始釋放大量的皮質醇和腎上腺素；這些賀爾蒙本來就呈酸性。還記得我們說過，這些酸性物質是為了要讓你嚐起來很難吃，讓老虎放棄你嗎？沒錯。這就是身體會加速衰老、肌膚失去彈力的原因。當我們日復一日生活在不間斷的壓力下，我們就在體內灌滿酸液。用不優雅的方式來形容，我們根本是一直在醃漬自己。

※追求青春

我們的文化偏執於年輕貌美，這已經不是祕密了。幾乎所有個人保養品的廣告——化妝品、護膚品、美髮品等——都保證會讓你看起來更年輕。每本女性雜誌，翻開來就能看到減少皺紋的祕密或如何「散發年輕光采」；每本男性雜誌都在談如何「重拾二十歲時的體力與表現」。他們都在推銷一場美夢，讓你能隱藏年齡，再年輕一次。

社會對於年紀增長的看法很負面，而且毫不遮掩。我們總是無法認同歲月風華之美：隨著時間和精力所累積的智慧；因爲愛護身體與保持心情平和所累積下來的高貴氣質；成熟與自信帶來的魅力；不再被他人影響後散發的自在好感。這些特質應該受到頌揚、重視。任何人都不應該抗拒年齡增長帶來的優點。**我們往往追求青春，但其實我們應該追求健康。**

年歲增加一點錯都沒有。我再說一次：**變老根本沒有錯**。這是很自然、很美麗的變化。與其追逐一根我們永遠抓不到的蘿蔔（青春），應該轉而注意我們能掌握的目標：健康肌膚的光澤、健康飲食帶來的活力，以及每天靜心後產生的自信與平靜。你會發現當你規律地練習Z技巧之後，你就會很快地**變成你這個年紀最理想的狀態**。你的身體有機會修復傷害，心智可以接納並讚美人生現況。

我們的身體累積了所有的人生經歷、喜悅、悲傷、吃過的每一頓飯、每一次休息、錯過的每一次休息、受過的傷、體驗過的孤單寂寞、做過的正確決定和錯誤決定。我們的身體和心智總結了我們做過的每一件事，讓我們成爲現在的模樣。你想因爲自己看起來總是很憔悴而一直隱藏年紀嗎？還是想要因爲看起來光華四射，可以驕傲地說出年齡？

我親身體驗過這個差異。演員特別在意年齡，感覺歲數一到工作就不保，影響表演生涯成功的機會。許多女演員都會隱藏或謊報自己的年紀，讓人覺得他們比實際上更年輕。現在，我是靜心老師，課程最吸引人的部分就是逆轉身體年齡，我對我的年紀和體態都感到驕傲！

如同大家說的，年齡只是一個數字；它只是個表面標記，一個心智成熟與身體磨損的指標，代表你的身體在地球上繞行了太陽幾周。問題是，很多人對於這個指標應該如何，有很錯誤的觀念。我們都曾在同學會裡見識過，有的人看起來好像發現青春之泉，或是和女巫打交道，用魔豆減少了臉上的皺紋。我們也見過有些人的日子過得特別快，老化地特別迅速。我很清楚自己想當哪種人，我想你也一樣。靜心可以幫助身體修復長期壓力導致的傷害和疾病，例如睡得少或睡不好、全身發炎、身體長期過酸、腦力不再敏捷，以及痛苦。這些都會擾亂身體機制，加快老化速度，讓你看起來更蒼老或感覺更年邁。

西方對於老化的觀念，可以濃縮爲：「你活了好幾十年，然後生病，就死了。」這是隨處可見的現實狀況，大家似乎認爲生老病死是人生不可避免的流程。許多修習阿育吠陀的人——包括僧侶和長期靜心者——都活得很好，即便年歲增加也能維持良好體態，他們甚至知道自己哪天會死，並前往恆河，時間一到便跳入水中而往生。換句話說，他們死了，但他們沒有經歷過「病」的階段。

一位智者說：「修行瑜伽的人總是能提前知道自己的死期，定好之後，他可以提早很多年說『幾月幾日幾點幾分我會離開人世』，時間一到就走了……留下一副沒有損傷的身軀，就像你好好地脫下衣服離開，你也能脫離身軀後離開。」我並沒有說每個人都要能預知死期，重點是，我們眞的不必在死前都經歷身體迅速衰敗、受盡病痛折磨的過程。

※靜心真的能回春嗎？

醫生早就知道，長期暴露於皮質醇（使我們老化的壓力產物）中，會導致內臟脂肪在腹部堆積。壓力會讓你在最不好看的部位變胖，還會因爲年紀放大效果。然而，靜心產生的漣漪效應，不只是改變你的外貌而已。

二〇〇〇年，美國麻省總醫院和哈佛醫學院聯手利用核磁共振造影，研究腦內物質——究竟是腦內皮質的哪個部位控制了認知，會在三十歲前後開始隨著年齡增加而變薄？研究發現，四十到五十歲左右有靜心的人，皮質厚度與一般二、三十歲的人無異。換句話說，**相較於沒有靜心的人，定期靜心可以讓腦部年輕至少十年**。

前項研究的四年後，加州大學舊金山分校的精神病學教授艾麗薩·埃佩爾（Elissa Epel）發表一項研究，她的團隊發現精神壓力會直接影響「端粒」縮短的速度。端粒位於染色體末端，能保護染色體在DNA複製過程中的完整性（就像鞋帶末端的透明蓋子，讓鞋帶不會鬆開），但端粒會隨著年紀縮短。

埃佩爾教授特別研究白血球的端粒。白血球是身體免疫系統的一部分，而白血球細胞的端粒較短，往往和許多年紀相關的健康問題有關，例如骨質疏鬆、阿茲海默症和心血管疾病。

一個人的端粒愈短，細胞就愈容易衰退、生病。埃佩爾教授發現，在年齡與身體健康程度相近的女性中，生活在高壓環境下的女性端粒較短——包含長期照顧重症兒童的媽媽。長期在高需求環境下生活的受試者端粒較短——大約比對照組端粒縮短的速度快了十年。也就是說，實證科學確認了我們從生活經驗中就已知的事實：壓力會讓人早衰。

埃佩爾教授及其團隊繼續研究，能否倚靠自然的方式——也就是靜心——消弭壓力的作用。在二〇〇九年發表的研究顯示，靜心確實對減緩端粒縮短的速度有可測量的作用。

哈佛醫學院精神病學教授伊莉莎白·霍吉醫師（Elizabeth Hoge, M.D.）在二〇一三年進行了類似的研究，檢視有靜心習慣的人和沒有靜心習慣的人之間，端粒長度的差異。霍吉醫師的團隊發現，有靜心的人不但端粒長度明顯較長，而且端粒長度和靜心的時間長度也有關聯。簡單來說，一個人靜心的時間愈長，端粒就愈長。

大腦的白質負責在腦中傳遞電子訊號，而加州大學洛杉磯分校的神經學者艾琳·路德斯（Eileen Luders）於二〇一四年的研究中發現，二十種神經路徑中，其中十七種在靜心者腦內白質的體積，比沒有靜心者高出許多。這表示，靜心會直接影響八五%的神經路徑健康狀態。

每天都有新的研究和科學證據，指出靜心對細胞老化有無法否認的正面效果。花點時間想想，這對你目前和未來的心智敏銳有什麼意義。靜心不只會讓你發揮右腦功能、讓你現在的人生更順利，也會使你有更敏銳的直覺和意識，增加你的神經可塑性，而這就是大腦改變自己的能力。靜心，即是投資自己未來的表現和能力。

❊你要哪種身體？

壓力會讓身體迅速衰老，但靜心不是魔法；靜心的作用在於幫助身體釋放累積的壓力，回復身體的設定，讓身體能正常回應生活的需求。因此，靜心才能高效地協助身體放慢、甚至逆轉老化的過程（剛才已看到許多科學實證）。

在你啓動戰鬥或逃跑的反應後，三十秒內，就能在血液中偵測到腎上腺素和皮質醇；十分鐘內，這些酸性壓力賀爾蒙就會出現在骨髓裡。意外的是，靜心能有完全相反的效果：只要坐下來，有靜心的打算，三十秒內血液中就會出現多巴胺和血清素；練習為你設計的靜心法十分鐘後，鹼性的極樂賀爾蒙就會出現在骨髓裡。這些賀爾蒙不僅可以確實且長效地改變你的情緒，還能從細胞開始改變你的身體結構。**問問自己：你每天的行動都在創造什麼？一副充滿恐懼的身體還是極樂的身體？**

若你的靜心之路上有一點點虛榮的成分，也沒關係——我當初就是如此。或許你是想擊退魚尾紋或消掉小腹。就算你想要延長體內的端粒，我也要勸你考慮先把注意力集中在如何達到你這個年紀最理想的狀態。你的身體開始從壓力下復原之後，會開始覺得較有活力，較不疼痛。好好利用這一點！我要鼓勵你多活、多動——開始慢跑或做瑜伽，更注意飲食內容。除了靜心，你還可以做出讓身體更好的選擇和改變，讓你能更優雅地變老。這眞的是你善待自己的第二次機會，別浪費了。

即使你是那種難以堅持健康生活習慣的人，即使你總是無法定期上健身房，即使你放棄不了含麩質的食物，就算你沒辦法早睡早起——我還是勸你敞開心胸面對各種不同的可能性。因爲，你一旦開始靜心、奠定了基礎，這一切都會改變。我不時聽到學員說，他們在靜心之前根本無法採取健康的生活習慣，但靜心爲他們開了一扇門，迎接更多良好的改變。可能只是把每天喝的咖啡換成果昔，或是每週上一堂瑜伽課，或是睡前用閱讀代替滑手機。當你每天開始練習Z技巧，原本的壞習慣可能就自然而然地消失了。

既然你是高成就人士，心智敏銳度必然十分重要。當年歲漸增，你難道不希望保留你開創的神經路徑，並繼續開拓更多神經路徑，用你的經驗帶來創新嗎？想想看，有了更健康、更強壯的身心之後，累積的成果可以對未來五年、十年、二十年甚至五十年的職涯和人生產生什麼影響。只要你今天選擇開始練習Z技巧，增加生產力、提升表現，未來數十年，你能完成多少目標？

俗話說：「你永遠無法比現在的你更年輕。」這表示，此刻的你最年輕，抗老的決定掌握在你手中，就看你要不要開始執行了。

☑ 案例 5

逆齡實錄

業務與行銷經理　漢娜・馬洛尼

幾年前，我先生和我花了一年半嘗試懷第二胎。我們當時正準備從紐約移居洛杉磯，卻發現我有一邊的輸卵管完全堵塞，另一邊也不太暢通。這消息讓我倆心碎。移居到洛杉磯後，我們決定聯繫不孕症醫師。我接受許多檢查，評估我的賀爾蒙指數、卵子品質、排卵狀況、濾泡數等。整體來說，我的檢查結果很糟糕，令人氣餒。由於輸卵管堵塞，只能做試管嬰兒，但因血檢狀況不理想，我又已居三十八歲，醫生表示即使成功體外受精，也不容易著床。我們接受建議，放棄做試管嬰兒，繼續我們的生活。

六個月後，二〇一四年一月，我接觸了 Ziva 靜心，開始每天練習。二〇一五年初，我發覺自己真的還想要一個小孩，打算再去找一次不孕症醫師。我做足了心裡準備，以為他又會給我壞消息（或更糟的消息，畢竟我又老了兩歲）。最好的情況下，我們能順利懷胎；最糟的情況，我也希望自己能死了這條心，往前邁進。我抽了血，和先生一起見醫生。醫生看到我的新報告，和接近兩年前的報告相比，驚訝到說不出話來——所有指數都好轉了。他問我：「你做了什麼改變？不管你做了什麼，我們都要昭告天下！我十八年來只見過一次如此驚人的變化。」我回答：「我這兩年每天都會靜心。」

靜心改變了我的身體和人生。我有能力為家人打造比過去在紐約時更好、比想像中更美妙的新生活；而那是我以前認為不可能的事。我現在交了很多好朋友，還找到比紐約那份「理想」職務還要好的工作。我愛上了洛杉磯，也很喜歡我們的社區。自二〇一三年以來，我已跑了三場半馬，也比以前更常玩音樂。都是因為靜心，這一切才能開花結果。

兩年前，我身體的壓力非常龐大（因為年復一年過著高需求生活，搬家也造成極大的壓力）。我那年沒有受孕，而靜心幫助我降低壓力，接受生活——我每天都能有所體會。現在有科學證明靜心改變了我的身體，對此我永遠心懷感激。

以下就是我的血檢報告，變化非常顯著。

檢查項目	2013 年	2015 年
雌激素（最好低於 80）	313.3	39.0
抑制素 B（卵子品質）	59（平均值）	94（非常好）
抗穆勒氏賀爾蒙	0.49	1.08（要進行人工受孕需高於 1）
濾泡數	6	11（要進行人工受孕需高於 10）

7

「等待幸福」症候群

你說過幾次，「等我如何如何，我就會幸福了」？

類似的話我們都說過。有時是脫口而出，有時則會讓這種等待影響一輩子。

我的幸福就等我——

吃點東西。

買那雙鞋。

有她的衣櫥。

再僱用一個員工。

拿下這個案子。

找到夢中情人。

擁有火辣的身材。

生一個小孩。

賺更多錢。

辭掉工作。

我將此心態稱爲「等待幸福」症候群，這很難避免。生活在地球上，有太多人意圖讓你覺得自己的生活不夠完整，**但只要有——，我就會幸福了**。問題是，不管你在空格裡寫了什麼，當你得到的瞬間，隨即就會被新的目標取代。我們的文化讓我們誤以為幸福可以買得到。

※「等待幸福」症候群

多數人不知道自己罹患了「等待幸福」症候群，即便症狀很明顯：

你願意忍受現在悲慘的生活，因為你相信未來會更好。

你死守著現在的生活方式。

你發現自己一直在期待你缺少的事物，而不會感激你已擁有的事物。

「等待幸福」症候群會消耗你的精神與體力，因為這讓你願意**在當下受委曲**，希望替自己開創更好的未來，而不是**在逆境中茁壯**。這種心態讓你失去了在此時此地就體驗極樂的機會。

我們有時把奉獻和委曲混淆了。為崇高的使命奉獻，是美好的；逼自己悲慘地接受現況，只希望未來發展能如意，就不好了。今日社會的標準心態，是靠擁有來獲得滿足感，視野短淺，認為幸福在遙遠的前方：**我的幸福就等我——**

變有錢、變有名。

結婚。

有小孩。

有一百萬元。

我們願意讓自己——甚至鼓勵自己——為了將來的回報而忍耐現狀。傳說中，彩虹盡頭有一桶金子，我們只為那桶金子而存在。可是我們永遠找不到那桶金子，對嗎？就算我們找到了，我們還會想要第二桶。

若你的幸福建立在山巔，登上山頂時，你會看到什麼？你看到優美的景致，看到自己爬了多遠，也看到你**還有其他沒登過的山**。

在你還年輕、一文不名的時候，整天遊手好閒，希望自己能有足夠的錢，可以隨心所欲。你當時的夢想是什麼？長大、賺錢、享受財務自由。等你有了一輛單車，你想要一輛汽車。等你有了汽車，你想要有個男朋友或女朋友一起兜風。等你有了男朋友或女朋友，你想要結婚。等你結了婚，你想要小孩。現在你是大人了，你卻想念起每天可以出去玩的日子，不必工作來支付帳單、存退休基金、平衡收支。幸福變成我們一直追不到的胡蘿蔔，然後我們就死了。

重點不在於拋棄你的企圖心，而是要注意，別讓企圖心控制了你的滿足感，導致你覺得爲了將來的快樂，現在必須過得不快樂。事實上，沒有必要在追逐夢想時讓自己過得很悲慘。幸福當下可得。問題是，你有沒有工具來協助你此時此地就獲得幸福，還是你一直跟自己說，**我的幸福就等我——**

買房子。

找到理想的伴侶。

買新車。

升遷。

再次強調，**你的幸福存在你心裡——現在，此時此地。**

這是個極具智慧的概念，但你若沒有具體的方法，將會感到十分挫折。要是你不知道如何體驗當下內在的喜悅，那麼就算銀行存款多幾個零，或把你寫的劇本賣給了導演史蒂芬．史匹伯，或被擢升爲公司合夥人，你也無法在那一刻就神奇地感受到喜悅。

※ 極樂和幸福不一樣

你是否覺得，若要幸福，你的室友就得搬出去？你的伴侶若不接受諮商，你就無法得到幸福？或是，你的家人必須開始靜心，你才能幸福？我們都有過類似念頭，但我相信，你可以在這種無力的狀況下重新取回力量——靜心就是一套有效的工具。

與其把幸福的能力交給別人、依賴別人的決定才能獲得幸福，何不找到方法獲得自己的成就感與極樂？這正是靜心最美好的地方：你在培養一種習慣，讓你打從內心感受圓滿。靜心之後，我們不再繼續活在幻象中，以爲幸福必須仰賴其他人或事；我們更懂得幸福不假外求。**靜心時，我們會開始理解幸福的鑰匙掌握在自己手上，靜心讓我們得以進入最沉靜淡定的意識狀態，那就是極樂與圓滿的所在。**

現在很適合來談談「極樂」。我在本書經常用到「極樂」這個詞，我們多少都有點模糊的概念，但我想解釋清楚「極樂」在此的意涵。「極樂」不是「幸福」的同義字，不是棉花糖、泡泡糖、棒棒糖。極樂是你心中有一部分確知一切都很好——儘管可能是很微小的一部分，但內心深處依然相信「焉知非福」——即便你很傷心、孤單，你還是可以體驗極樂。猶太教中類似的概念是「平安」，基督教的解釋是「超越所有理解的平安」。極樂是一種強大而優美的存在感，表示你相信所有生命中的曲折起伏都有意義。我們在靜心時，腦海深處的極樂會愈來愈強烈，愈來愈容易感受到。即便現實生活充滿挑戰，你也能感受極樂。

許多靜心者表示，他們從追求外在成就轉變爲從內在獲得圓滿與充實。他們一開始規律練習後，就發現自己愈來愈清楚沒有任何事——不管是新工作、豪宅、新感情或上一段感情——能給他們眞正的快樂。

一切會很好；請注意「極樂」不是「幸福」的同義字。你在難過、憤怒或嫉妒時，仍然可以體驗極樂。極樂指你內心深處依然相信「焉知非福」。

當你開始挖掘內心圓滿感受的源頭，那種深沉的平靜和體悟就能產生一股深奧的力量，改變你的世界。我們再來複習一次，幸福只存在一個地方（你心裡）和一個時間點（現在）。沒有其他條件或限制。你愈常靜心，愈能培養內在的極樂，漸漸地，你就能發自內心地、具體地、全然地感受到極樂眞實存在，成爲你一天二十四小時不間斷的眞實處境。

不確定我的意思？看看我最喜歡引用的一句吠陀眞理：**雙眼不再被欲望蒙蔽，就能看見眞相**。

我們都有過這種經驗。我們太希望這份工作就是那份完美的工作，導致我們忘了仔細閱讀聘僱合約；我們太希望這個人就是那個完美的人，忽略了第一次約會時他其實喝太多了，還沒付小費（只有我碰到這種人嗎？沒關係，我們繼續……）；我們太希望銀行帳戶裡多幾個零，願意不計代價去賺取。問題是，我們汲汲營營、甚至受盡委屈，就是因爲這份渴望，使我們太在乎結果。你是否曾經過於重視某件事，例如第一次約會、求職面試或簽合約時，卻因爲表現得太飢渴或孤注一擲而搞砸？

我們在靜心、緩和神經系統時，心神會安定，身體會冷靜，漸漸地，我們會發現自己自然地進入沒有雜念、沒有梵咒的境界。**我們離開了思想的狀態，進入了存在的狀態**。我們抵達最沉靜淡定的意識狀態，也就是極樂與圓滿的所在。沒錯——極樂與圓滿一直存在於我們身體裡，等著我們去體會。所有宗教典籍都在開天闢地後說：你所追求的目標一直在你心裡。我們甚至在紐約工作室的巨大壁畫上漆了這句話，但若你一天能體驗兩次，感受會更強烈——靜心練習就是要給你這個機會，讓你從內心體會到滿足與幸福。

你的觀點就像眼鏡鏡片，而當你體驗到內心的極樂和圓滿，就能擦去鏡片上的欲望渴求。因爲你的身心在靜心時體驗到了極樂，明白沒有任何外在事物能帶來更圓滿的處境，此時你的心就會靜下來。你的生活因而更聚焦——你不會繼續活在幻象中，以爲要到某個地方、碰到某個人、完成某件事才能獲得幸福。

這樣一來，你能更準確地看清局勢，代表你更不容易犯錯。什麼是犯錯？亦即誤把虛象當作眞相。這種例子太多了，我們太過渴求，誤以爲外界的某物能帶給我們圓滿，因此當我們看到該物時，「欲望遮蔽了雙眼。」當雙眼不再被欲望遮蔽，我們就能清楚明白地看到事實——關於眞正的情況、關於人、關於我們眞實的欲望。只要你明白自己的身體就能創造極樂，這個能力會一直跟著你。花一分鐘想想這有多棒。其他人、其他事都不能給你極樂，你自己就夠了。你需要學習的，是如何感受體內無窮的極樂與圓滿。

※瀟灑才性感，強求不性感

一旦開始每天練習兩次Z技巧，你就會發覺自己不再認爲幸福必須依賴其他人、其他事、其他成就。你將發覺自己更能適應周遭變化，而不會堅持大家都得改變。當你不再認爲必須依賴外在環境才能幸福，那麼世事變化或各種不如意，就不會造成你的情緒震盪。當然，這不是說你不會再難過或失望了，而是說你的心情不會和過去一樣，那麼容易受世事變化影響、控制。

取回你的力量不是什麼需要在社群媒體上大聲宣布的事情，「大家注意了：我找回了自己的力量，我再也不需要你們了！」雖然有時候我很想這麼做，但我說的是，你的觀念有了很細微的變化，這個內心的轉變對你很重要，唯有如此你才會覺得圓滿。忽然間，你對待自己的態度不一樣了，你和大家互動時更充滿自信，因爲你接受了「我靠自己就能獲得幸福」的觀念。這觀念既基礎又美好，讓你活得更優雅從容，並且擁有更強大的能量，不會時時追求外在虛象，永遠無法滿足。

「瀟灑才性感，強求不性感。」我很愛這觀念，簡直想訂製一件上衣，正面寫著「瀟灑才性感」，背面寫著「強求不性感」。從內心深處獲得極樂的人，不會非要大家聽他的安排或事情依他的規畫進展才滿意，瀟灑的人還會散發出滿足感，投射出鎮定與自信。這難道不是我們的夢想嗎？成爲全場最自在從容的人？這正是我說的「取回自己的力量」。不要把自己的幸福感建立在別人的決定、評斷和行爲上，你就能瀟灑地面對你的情人、客戶、同事、你擁有的一切，以及你的理想。你不需要別人的肯定才能感覺良好，也不需要任何地位象徵才覺得完整。幸福就是內心的修練。

※欲望與顯化

「等等，艾蜜莉，你在第一章一直說顯化夢想有多棒、力量多強大，現在你又說這種追求太虛榮，會讓我不斷失望？」

乍聽之下，這兩種觀念好像互相衝突，但請耐心聽我解釋。

當你決定讓人生升級，每天靜坐兩次，其實你就學會了隨遇而安——相信宇宙是你的靠山，放棄控制。這對我們來說非常困難，但當我們緊抓著欲望，就無法鬆手接受宇宙更好的安排。

若我們將靜心的時間一直拿來想著我們想要的一切，顯化會不會變成新的癮頭？當然！就像我們之前說的，顯化**不是**魔法。顯化不是轉而把我們的欲望導向宇宙。顯化是給你自己一個機會，看清楚你的目標，有紀律地花時間想像目標已經實現的生活。當你這麼做時，就能張開雙臂接納宇宙給你的安排，只要你做好準備。這就是Z技巧的特別之處，靜心和顯化結合在一起，效果比單獨進行更強大。你每天的靜心讓大腦和身體充滿多巴胺兩次，充飽了顯化的能力，因此你不會死抓著欲望不放，不會一直活在幻象中，以為必須先獲得某些東西才能擁有幸福。

矛盾的是，這能讓你聽到宇宙最細微的悄悄話，也會幫助你增加「值得擁有的能力」，亦即你相信自己值得什麼。別忘了，我們無法隨心所欲，但只要我們相信自己值得什麼，就能獲得那樣的生活。

顯化並不是要延伸「等待幸福」症候群，因為你很快就會明白，幸福並不寄託在欲望成真上。欲望成真當然很美好，但你將看到宇宙的導航系統無法被雲霧遮蓋，早已設定好你的個人生命歷程，會帶領你前往你要探索的方向。你將開始覺得「顯化」不太像是你的夢想計畫，比較像是一份使用手冊，教你如何掌握、利用每個機會和未來會碰到的體驗。

這引領我們來到此主題最後也是最重要的一點：把你的滿足感帶向全世界。

※ 走出困境最好的方法

若我剛才舉的例子讓你對號入座，首先，你要知道你並不孤單。幾乎現代西化社會裡的每個人都曾因爲「等待幸福」症候群而掙扎過。廣告業花了無數金錢，讓我們總是覺得生活還缺點什麼。你該問自己的是：你想困在掙扎中還是想跨越？

記得，根據吠陀的智慧，你的幸福只存在於一個地方、一個時間點，那就是此刻在你心中。說的比做的簡單，是嗎？好，靜心的益處還包括給你滿足感，因爲靜心能幫助你釐清、應該如何有效投入一個高於自我的目標。你的觀點不再被欲望遮蔽之後，就能開始察覺到最深沉的渴望並非來自這些拼拼湊湊的幸福感，而是超越這些表象。換言之，**靜心讓你從一個有很多需求要滿足的人，變成一個對自己很滿足而可以去協助大眾的人。**

我要你花點時間想想這句話。與其當一個有很多欲望沒有被實現，總是在找方法來滿足需求的人，你可以選擇當一個知足常樂者，致力尋找你**可以實現**的想望、可以奉獻的方法。當你和內在的圓滿感受頻率對上之後，你就能將這種頻率傳遞給你遇到的人和事。很快地，你可以更清楚地看到你身邊有哪些需求，用更有創意的方法去滿足。不知不覺中，你將發覺爲別人服務的喜悅。

還有什麼比全然投入你相信的理念更美？這個理念超越了自我，可以是你覺得比個人生活更值得投入的目標，例如：發揮創意、爲人父母、經營感情、投身宗教、幫助遊民、拯救環境、協助幼童。不管你選哪一項，重點是你投入了心靈。這就是奉獻和委屈的差異。爲了夢想而委屈自己，你的重心還是放在自己身上，一直想著你這麼委屈最後能得到什麼。奉獻則讓你放下了自我——因爲**你的自我已經獲得滿足**。

我眞心相信，愈投入在這些超越自我價值的事情上，就愈能在過程中自得其樂。喜樂會相乘——也就是說，你不會一心只想著要讓自己快樂，你會想到群體，讓更多人、更多動物都得到幸福，或讓地球更美好。若你一輩子都在悲慘地追逐彩虹，就算彩虹盡頭有一桶金子，你會快樂嗎？若旅程很痛苦，就算終點很美，你開心得起來嗎？人生很短——爲什麼要過著沒必要的悲慘日子？當你覺得給予很美好而開始給予，當你覺得創作很美好而開始創作時，給予和創作本身就是最好的收穫。

這正是許多宗教觀念的核心，而且很有道理。當你不再只是注意著自己和個人的目標時，當你注意的是別人能不能過得更好時，你就開始積極開創著更美好的世界。我協助許多年輕創業家靜心，他們經常給我啓發和鼓舞——他們不斷在尋找還沒被滿足的需求，並思考他們有哪些天賦和才能可以運用，並**確實採取行動**。

那麼，該如何找到適合自己投入的目標？若你一直聽別人說起他們的任務和使命，卻還沒發現自己的熱情，可能會有點氣餒。他們是怎麼找到的？爲什麼你尚未找到自己的目標？我們不都暗自希望自己有一本人生指南，讓我們知道下一步要朝哪個方向前進？其實，我認爲我們每個人都有一本，只是多數人不知道怎麼查閱。一生只有一項任務或一個目標的觀念，會讓人喪志，不敢下手。我不認爲你只有一項任務；我相信每個人都面對好幾個挑戰。你要解決哪一項挑戰、如何解決，那都是你的決定。

但你不必自己想破頭。我發現以下四個問題可以協助你縮小搜尋範圍，讓你更容易找到屬於自己的使命、對你有意義的挑戰。這些問題可以協助你學會如何信任你的欲望，讓宇宙的導航系統帶你走出「等待幸福」症候群。

問問自己：

當下最迫切的需要是什麼？
我的天賦要如何派上用場？
我要用到哪一項天賦？
我現在想用哪一項天賦？

此時要如何利用靜心呢？先複習一下我們對靜心的了解：靜心是釋放壓力最快的方式，藉此你可以做出更好的決定。靜心會啓動你的右腦，你的直覺會一天比一天更強烈、更敏銳。靜心時，我們可以更優雅地判斷出讓我們沉迷的欲望（金錢、性、別人眼中的成功等）和我們直覺的欲望。而且，你現在已經知道了，每次靜心開始後三十至四十秒內，身體和大腦就會充滿極樂激素——多巴胺和血清素。當你感受到極樂時，你就能在明確的滿足感中找到眞實的渴望和決定，而不會被匱乏、不安的感受牽制。聽起來很不錯，對吧？

請記得，在你將於下一章學到的練習過程中，當你的身體釋放出自然產生的極樂激素，實際上你就是在注入滿足感的泉源；因此，你較不會對自己該怎麼做而感到困惑，因爲你會在滿足的狀態下做決定，不必忍受委屈或驚慌害怕。你的決策會很接近你的信念與目標，最終也會成為你最謹慎、最富創造力、甚至收獲最豐盛的決定。

我很喜歡這句話：「灌溉花朵，不是雜草。」這句話簡單卻有強大的威力。這正是結合靜心與顯化的終極目標：我們將注意力放在需要成長的地方，例如有意義、有效果、能帶來幸福的目標，而讓不安、不滿足和壓力消退。靜心可以拔掉我們身體和神經系統裡的雜草；顯化則能協助我們想清楚生活中有哪些部分要含苞待放。

請記得，當你從「等待幸福」症候群解脫時，不代表你的目標和企圖心就沒了。相反地，你很快會體驗到一股比過去更強烈的驅動力，促使你完成目標。差異在於，你放下了對成果的執念，因為你知道你的幸福和成果無關。**你將能以前所未有的創造力和信心，自由地思考和採取行動；**敏銳的直覺會導引你決策，不再被恐懼或絕望牽制。

當然，你還是會感受到各種人類情緒；靜心不會關閉你的感受。當你學著如何體會內在極樂時，你不會切斷悲傷、極度、緊張的能力。這些想法、質疑、雜音都是人類體驗的一部分，只是當你每天練習、逐步成長時，你內在的極樂會愈來愈強烈，你就能更輕易體會極樂。

睜眼練習

灌溉花朵，不是雜草

練習感恩：每天上午和夜晚，寫下三件你感激的事。

你可以記在手機上（我個人偏好），以便你要回顧時隨時有紀錄可查閱。歐普拉說這是她這輩子培養出最重要的習慣。這個練習會訓練你的大腦回溯今天很順利的經歷，而不是滿腦子想著你認為非解決不可的問題。

感恩是擺脫「等待幸福」症候群最快的方法。練Z技巧時，在靜心與顯化的轉換過程中，即是在表達感恩（我們第八章會討論），因此這個練習應該會愈來愈容易，逐漸變成你的自然行為。不要為了怎麼做才「對」而想太多。即使一整天都很不順利，你只要問自己：「我要感激什麼？」

就可以改變大腦裡的激素！

8

不會失敗的靜心技巧

終於——要練功了！這就是你當初拿起這本書的原因：你做了功課，也清楚身心排毒過程中要注意的事項，你已準備好要學Z技巧了！來吧。

Z技巧分成三個部分。

※三大元素

Z技巧是一套完整的系統，包含：正念、靜心和顯化。每個元素對整套練習都很重要，合在一起比三招分開更強大。複習一下：**「正念」幫你面對現在的壓力；「靜心」讓你擺脫過去的壓力；「顯化」則協助你開創未來的夢想。**我經常把這三大元素比喻爲前菜、主菜和甜點。

※一天的規畫

早上的練習，最好在剛睡醒的時候，如此可讓一天的起始就感到精神飽滿，創造力和生產力都在巔峰狀態。（比平常早一點）起床、進浴室刷牙，也可以在臉上潑點水。但最好在你吃早餐、喝咖啡、開電腦之前。因爲咖啡是刺激物，會抵消靜心的舒緩作用，讓你覺得自己恐慌症快發作了。先相信我，等你早上的靜心結束後，就可以好好享受咖啡了。

若你有嬰幼兒，可以調整起床後的順序。身爲家長有不同的輕重緩急，在這人生階段裡，早晨不是自己的。我知道生活現在有點狼狽，所以你可以自由地按照你的規畫來調整。若你的小孩睡眠很規律，建議把鬧鐘設定在孩子起床前半小時，你就可以擁有你自己的時間。這很值得。我保證。同樣地，若你靜坐之前必須先餵寵物吃飯，那也沒關係。只要記得目標是盡量在剛睡醒時練習就好，因爲，當你展開一天的生活之後，就更難坐下來。

第二次靜心，通常是下午過了一半或剛進入傍晚時，亦即消化完午餐到晚餐之間的任何時候都可以。（不要在吃完午餐後馬上靜心，因爲火雞三明治裡的色胺酸可能會讓你昏昏欲睡。）對朝九晚五的上班族而言，第二次靜心通常是在中午十二點到晚上八點之間，最好是在你下午沒電之前。我們的目標是要讓你的大腦休息、充飽電，你就可以維持整天的精力，而不會在下午五點用死魚眼盯著電腦螢幕或猛灌下第三杯、第四杯咖啡，只爲逼自己完成專案。

你不需要每天按表操課；若你通常在下午三點半靜心，但某天必須參加視訊會議，不妨將靜心時間往前挪一些，如此一來，靜心結束時正好有足夠的精力開會。（這能讓你在會議中覺得自己有超人般的談判能力。）

還有，請記得不要太晚靜心。道理如同你打算晚上十一點睡覺，就不應該在九點的時候小睡。太晚靜心會讓你難以入眠，因爲你的身體已透過靜心獲得了深沉且具有修復力的休息。若接近就寢時間才靜心，你就會發現你躺在床上，雖有豐沛的精力和無數的好點子，卻沒有人可以分享，頂多講給貓聽。

當你準備好開始Z技巧，先想想你要在哪裡練習。完全不必在家裡找一個專門靜心的地方，布滿蠟燭、線香和充滿藝術感的吊燈，同時還不斷循環播放療癒音樂。很溫馨對嗎？當然。是不是可以讓你放鬆？或許可以。有必要嗎？沒有。我不斷重複一個重點：**靜心就是一張可以隨身攜帶的按摩椅**。在火車上、公園裡、辦公桌前、黑暗中都可以靜心——聽起來好像小朋友的故事書，但事實上，你真的可以在任何環境裡靜心。只要這個地方能讓你坐下來想事情，你就有能力（或超能力）在那裡靜心。

若你有明亮或幽暗的燈光照明可選擇，有吵雜或安靜的背景可選擇，那就找個不亮、不吵的地方，因爲那樣比較舒服。若你想設置一個特別的空間，用能讓你放鬆或對你有意義的方式布置，那很好；若沒有，你的靜心依然會很有效果。靜心是改變內在，再延伸到外在生活。**任何空間都可以靜心，因爲你會透過靜心的意念帶給空間價值，而且這是一套爲你設計的靜心法，不是給僧侶用的。**

你唯一需要的，是有個能讓你坐下來的地方，還要支撐你的背，讓你的頭放鬆。你可以盤腿，也可以伸直雙腿，也可以環抱雙腿——舒服最重要。一定要找個東西靠著，你的脖子才能輕鬆地擺動。（還記得你成長過程中，媽媽總是交代姿勢很重要嗎？這些規矩現在都可以丟到窗外去了。）

有些人可能會覺得困惑：大部分靜心的圖片，都是在優美的喜馬拉雅山上做瑜伽，或美麗的女性穿著時尚瑜伽褲、盤腿坐在山崖邊，沒有任何東西支撐他們的脊椎，而且手指還有花俏的動作。那樣做沒什麼不對，拍起照來當然很好看，但那種靜心方式比較像僧侶的修行法。先花一分鐘問自己：**我是僧侶嗎？**若不是，就不必太在意姿勢和靜坐的儀式。記得，Z技巧是要你透過靜心過好生活。此靜心法讓生活忙碌、心思忙碌的人，可以馬上整合到生活作息中。

現在請找個舒服的座位，我們先從三大元素之首——正念——開始。記得，正念就是注意當下：不要擔心待會的靜心會如何，也不必急著跳到顯化的步驟。在Ziva靜心中心，我們喜歡把正念練習當作進入靜心前的跑道。這是一個側重左腦、狀態清醒的練習，讓你在進入放鬆的靜心狀態前做好準備。

※第一元素：正念——好好感受

先閉上雙眼，背往後靠，放鬆頭部。

花點時間享受空氣輕鬆地隨著呼吸進出你的肺部，慢慢將注意力轉移到身旁所有的細瑣聲響。觀察你聽到了什麼。聽聽這空間裡最明顯的聲音——或許是你同事在講電話，或是空調的聲音。接下來，幾次吐納之後，去察覺最細微的聲音——你自己的呼吸聲或是走廊的背景聲。你的目標是調整頻率，留意到最細微的聲響，讓你聽見這空間裡所有的聲音。

享受幾次吐納之後，在你下次吸氣時，察覺你身體最明顯的觸覺感受——或許是你的臀部在椅子上的感覺，或痠疼的膝蓋。找出這些感受後，把注意力集中到最細微的觸覺，可能是你的髮尾輕輕地刷過後頸，或空氣進出你的肺部。不必判定這些感受是「好」或「不好」——只要注意你最強烈和最細緻的觸覺感受。

一會兒之後，我們來觀照視覺。沒錯，你的眼睛閉著，但你可以看到什麼？是一片黑暗嗎？還是有一道銀光從上下眼瞼中間透了進來？或許你閉著眼也能看到許多色彩。

把你的注意力漸漸轉移到味覺上。雖然你現在（應該）沒有在吃東西，你的嘴裡總是會感覺到一些味道，可能是牙膏、咖啡或花生醬。幾次吐納之後，開始察覺最細微的味道——或許你可以嚐到午餐的沙拉醬或午餐後口香糖的薄荷味，或者你單純感覺到口中澀澀或酸酸的。

最後，體會看看你聞到了什麼。你繼續輕鬆地呼吸，留意你最強烈的嗅覺感受。是不是你的香水或髮膠，還是你正在點蠟燭？這空間裡最細緻的味道——是花香，還是暖氣機裡的灰塵在加熱？或許你發現了這空間裡完全沒有味道。

現在，我邀請你把所有的感官知覺都收回來，同時間一口氣感受到五覺：你身邊最大和最小的聲音，最強烈和最細微的觸覺，光明與黑暗，明顯和細微的味覺，以及最強與最淡的氣味。當你把所有知覺集合在一起，便同時喚醒了意識——你完整地感知周遭環境和你自己。

繼續保持輕鬆自然的呼吸，開始讓自己把身邊一切帶入正念的體驗中。允許自己體驗當下，**此刻**。放下「噪音會分心」的舊觀念，單純地將現在發生的一切融入你的體驗中。輪流體驗五感，直到你覺得可以同時感知到五覺。讓你自己享受當下，享受當人的美好。你的壓力存在於過去和未來；你的極樂只有當下才能體會。這個簡單但強效的練習，可以幫助你用五覺來讓自己進入當下，感受身體。用五覺來獲得極樂，而非逃避壓力。這個差異很細微，但很重要。

你或許會想花幾天的時間單獨練習「好好感受」。它可以幫你處理當下的壓力。然後，等你準備好，就可以加入靜心的元素。若你希望由我來引導你專注，網站上有我的英文教學影片，請到 www.zivameditation.com/BookBonus 頁面尋找 Come to Your Senses。完成正念的部分之後，就要進入靜心了，這是Z技巧的第二元素，我們要用梵咒來緩和神經系統，讓你能深沉地休息，獲得療癒的力量。

※第二元素：靜心

當你從正念進入靜心時，你的感官已經延伸出去，把所有知覺融入體內，就帶著這種隨遇而安的感覺進入靜心。（順帶一提，很多人覺得「隨遇而安」很負面，好像要棄械投降了，但我想邀請你，將隨遇而安想成是你放下防備，信任你的身體、信任這個練習，最終信任你的直覺會浮出表面，讓你更信任自己。）

此過程要無縫接軌的祕訣，就是使用梵咒。這並非要你說「來吧，大腦！念咒囉！」然後開始一遍又一遍地唱誦咒語。不是的，是要讓梵咒輕鬆自然地浮現在腦海中。想像你的梵咒是個酒吧裡的大帥哥或大美女，你知道他在看著你；你當然也希望有互動，但你不會想要撲上去。靦腆一點，讓你的梵咒找上你。

不必大聲念咒——那是在念經，和此處使用的梵咒是兩回事。事實上，你甚至不必有準確的節奏。只要讓梵咒浮現在腦海中，呼應你所有的思緒，比較像是一個單純的音或一種樂器聲，而不是一個字。我特意選了一個我們在用的梵咒或「心錨」，但用哪個詞都無所謂。

隨遇而安：相信宇宙有更好的安排；卸下你的防備讓更偉大、更睿智、更強大的力量協助你。這不代表要放棄或投降，而是你相信有更高的力量（上帝、大自然、宇宙或任何代表）在罩你！

※ 梵咒

我一直在吊你胃口的，到底是哪個梵咒？若你期待一個神祕的魔咒可以把你傳送到宇宙的深淵或虛空的黑洞，很抱歉，我要讓你失望了——這個字非常簡單。放心，它雖然簡單，卻結合了梵咒的力量與簡單的技巧，因此靜心才如此有效。當學員來到 Ziva 靜心中心上課時，每個人都會獲得專屬的梵咒。但我們無法靠書本給讀者專屬的梵咒，我也無法給你面對面的教學，或要求你看完書才能充分掌握這個新工具的力量。個人專屬梵咒的力量很強大，所以我們精心挑選了一個萬用的溫和梵咒協助你定心。

你要用的這個字很簡單、有效。你會慢慢聽到腦中傳出「萬」的聲音，協助你進入細微的意識狀態。

我們在第一章就談過梵咒——這些聲音的功用就是「思緒的交通工具」，用來緩和你的神經系統。記得你答應過，不會誤把正念、靜心與顯化當成是「魔法」嗎？好，我相信你。「萬」就是你的梵咒，這正好可以說明我的道理。

此字有很多涵義：萬宗歸一、萬中選一、萬象一新。「萬」對你可以有很多不同的意義，但也可以沒有意義。你可以單純享受這個字的聲音，模糊地出現在背景裡。重點是，讓這個思緒的交通工具帶你進入深沉的休息，而你能短暫地鬆懈一會兒——只花你幾分鐘的時間——並享受Z技巧帶來的好處。

我們不是要你反覆咀嚼這個字、挖掘奧妙的深意。若是那樣，我們就要轉移你靜心的方向，可能要改成「沉思」或是讓你完全終止無爲靜心，改成聚焦思考。你會開始發覺此字有自己的力量，會愈來愈模糊、愈來愈細微。

我可以現在就聽到你的意見了：**這聽起來太簡單啦。我一天只要念這個字幾次就好了嗎？這和你前面七章講的釋放壓力和增強腦力沒關係啊。**有時候，大道理往往最簡單。請不要以爲簡單就無用。這個練習就是因爲簡單才強效。

你想的一點也沒錯，若你在甦醒的狀態下用左腦溝通你的想法，那麼這個字不會有任何改變心智的作用。靜心是要你把這個字當作錨，讓你的身心鬆懈、安定下來，接受深沉休息。車鑰匙放在廚房流理臺上是沒有用的。你要知道車鑰匙配哪輛車，插進鑰匙孔才能發動。

進入此階段時，最重要的建議就是：想東想西不是壞事，雜念不是靜心的敵人。請記得，你的大腦會不由自主地思考，就像你的心臟會不由自主地跳動。所以，請不必要求大腦安靜，那絕對沒有用，只會讓你感到挫折。反之，你應該知道想東想西也沒關係——那其實是靜心過程中很有用的一部分，現在你可以靠你信賴的心錨「萬」，幫你把思緒拉回來。

你的靜心時間——你很快會發現Z技巧的靜心階段感覺就像坐著午睡——應該持續十四分鐘。熟練以後，你只需要花一分鐘在正念的前菜上。所以，一分鐘的專注加上十四分鐘的靜心，等於十五分鐘。你可以在心中設定十五分鐘——有機會訓練的話，你的心理時鐘會準到讓你嚇一跳。我也鼓勵你這麼做。把時鐘或手錶放在身邊，想看就看！你或許會發現，其實你有個模式。我通常做到一半會瞄一眼時鐘，然後發現我結束靜心時剛好時間到。

我往往會建議剛開始練習的學生設定鬧鐘，比原本預計的靜坐時間多幾分鐘，這樣才不會慌，怕自己靜坐太久或不小心睡著而錯過了整天的會議。（事實上，要睡著不是那麼容易的。在我持續十一年每天靜心兩次的過程中，我只有睡著兩次。）這也是爲什麼你靜坐時，背要靠著，但頭不要。若你的頭也有東西可以靠，比較容易睡著。

不過，我希望你訓練自己的生理時鐘而不依賴鬧鐘。這是最理想的情況。**「可是，艾蜜莉，爲什麼我不能設鬧鐘呢？」**簡單來說，鬧鐘讓你無法放鬆。不妨在你方便的地方放個時鐘或手錶，然後把手機丟到水裡。若你完全沒有鐘錶，只靠手機報時，可搜尋時鐘相關的應用程式（例如 The Clocks），它會把手機變成一個大數位時鐘，不必摸手機、滑手機或輸入密碼解鎖，就能看到時間。

當你想知道靜心過了多久，就看一眼。若十五分鐘還沒到，就閉上眼睛，讓思緒飄回念咒靜心。我寧可你自己看時鐘一百次，也不希望你是因爲鬧鐘鈴聲大響而突然中止（就算是你用誦經的聲音當鬧鐘鈴聲也不行），那會讓你產生「靜心痛」。

潛水時，若回到水面的速度太快，體內組織裡的氣泡會膨脹，導致潛水夫病；氣泡在關節聚積時會造成關節疼痛，那是種很痛苦的感受，甚至有生命危險。靜心時若太快結束，可能會頭痛、眼睛乾澀或暴躁易怒。大腦和視神經沒有痛覺接受器，無法告訴你由於靜心忽然結束而造成大腦和神經疼痛，因此，當你太快從休息狀態切換到甦醒狀態，可能會讓身體承受不了。除非你擔心自己靜心時睡著，設定鬧鐘時多預留了幾分鐘，否則千萬**不要使用鬧鐘**。若靜心太快結束，三十分鐘後會有頭痛和暴躁的感覺，那麼你的時間就浪費掉了。

靜心痛：因為太快結束靜心所產生的頭痛、眼睛乾澀、暴躁易怒。

要避免靜心痛，就在靜心結束後給自己兩分鐘的「安全緩衝」，可以切斷你和心錨之間的繩索，讓你自己閉著眼睛飄浮到甦醒的狀態。在這兩分鐘之內，你可以進行「顯化」的練習。

※第三元素：顯化

顯化先從感恩開始。這不會花很多時間。只要問自己：「**我現在感謝**

什麼？」練習感謝你生命中每一段人際關係，感謝你的房子、你的健康、你的家人，以及各種際遇和機會。感謝昨天傍晚的夕陽，或今天早晨趕上的公車。無論你心中感謝什麼，都表達出來。**自然、上帝或宇宙，都喜歡受到注意，就和你我一樣。**

你身邊一定也有那種不懂得感謝的人——他們只會一直要別人付出，到最後你就不想再幫那個人任何忙了，因爲他們接受你的協助之後，從來也不在乎，連說聲謝謝都沒有，對吧？不要當那種人。

感受你生命中美好的禮物，無論多麼微不足道、多麼老套、多麼難以理解或多麼膚淺，都沒關係。表達感謝之意的方法不會出錯，唯一的錯誤就是不感謝。這看起來或許很簡單（你是否注意到這些工具都是簡單卻強大？），但有一份關於感恩的神經科學研究，讓我相當著迷。科學家發現，即使這天很不順利，你覺得沒什麼好感謝的，只要問自己：「我感謝什麼？」就可以改變腦內的激素。這個簡單的練習，會訓練你回溯生活中順利的大小事，讓你能更有效地去灌溉花朵，而不是雜草。

愈常練習感激的方法，刺激神經路徑，神經路徑就會變得愈強壯、愈自動自發。神經科學的赫布理論（Hebb's Law）指出：「同步發射的神經元會連結在一起。」例如：你在樹林裡闢了一條新的小徑，第一次走起來很辛苦，必須很小心；但是，當你走了愈多趟，這條路就變得愈好走。你的大腦也是：一條神經路徑啓動愈多次（同步發射），下次要刺激它時就更容易（連在一起）。

「感謝」讓你準備好進入Z技巧的第三招：顯化。

每個金牌運動員、每個奧斯卡獎得主、每個成功的執行長，都會先在心中制定藍圖，想好他們要追求的目標，以及當目標達成時是什麼感覺。結束十五分鐘的專注和靜心之後，你可以看看時間，放下梵咒的心錨，進入安全緩衝區。安全緩衝只要兩分鐘。

首先，請心懷感激，接著設定一個夢想、目標或欲望，想像自己此刻就過著那種生活。這就是顯化的小訣竅：想像你**現在**就活出你夢想的日子。不要覺得那是以後的事，讓自己去看、去感受、去聽、去品嘗、去聞一聞那股欲望的方方面面，想像自己**此刻**就過著那種生活。在心中好好地探索夢想實現後的樣貌，就像小朋友在玩角色扮演一樣。把夢想中的生活當成你的生活。當你花時間沉浸在夢想中，讓你的想像力描繪每一個細節時，要特別注意你的感受。我們都覺得自己在追逐夢想，但事實上，我們是在追逐那個目標帶給我們的**感受**。這個練習，幫助我們當下就體驗那股快樂、寬容與成就感。

看到並感覺到夢想成眞之後，問問自己，想立刻和誰分享這個消息。想像那段對話。你會說什麼？你會哭嗎？會笑嗎？再想想他們的反應。他們在笑嗎？在哭嗎？在開心地尖叫嗎？花點時間接受他們的熱情，讓這股熱情成爲你夢想的燃料。

接下來，當你準備好，就慢慢張開眼睛，回到你周遭的環境。恭喜你！我的朋友，你完成了第一次Z技巧練習！

※不容妥協，每天都要靜心

這種靜心法，可能和你以前聽過的所有靜心法都不同。我建議你不必淨空思緒，甚至還要你留意各種細瑣的聲音和你的感官體驗。我沒有要你專心，此外，你不必設鬧鐘或用靜心的應用程式來計時。你覺得這和你以前嘗試過的靜心很不一樣：靜心不是應該要靜坐、嚴格地集中心智、淨空思緒嗎？問問自己：**「以前那種靜心對我有用嗎？我投入了時間以後有收穫嗎？」**

我能每天練習嗎？若你準備好了，我們來複習一下：

舒服地坐著，靠著背，讓頭放鬆。

把手錶或時鐘放在附近（心中設定十五分鐘）。

開始「正念」——好好感受：約一至兩分鐘。

慢慢地讓梵咒浮現在腦海中：十三至十四分鐘。

放下梵咒，但繼續閉著眼睛，進入安全緩衝區：兩分鐘。

練習「顯化」：在兩分鐘的安全緩衝區內，想像自己活出了夢想中的生活。

張開眼睛，讓世界接收你的好。

請經常翻閱這一章，直到你非常熟悉Z技巧的流程，可以銜接得很自然；我可不希望你爲了要翻書、提醒自己下一個步驟，而從美好的靜心過程中抽身。就算你眞的這麼做，也請你對自己溫柔。記得，「不好」的靜心也勝過完全不靜心。**不要爲了求完美，反而做不好。不要爲了做好，反而做不到**。若你忘記下一步是什麼，或發現你只是反覆空洞地念梵咒，就像在揮球棒一樣，或你靜心到一半突然接到阿嬤打來聊天的電話——都不要緊張。你的靜心旅程不會因此而脫軌。你在進步，你每次坐下來都會持續進步。記得，靜心練習就是練習。不必追求完美。

※靜心的注意事項

往下討論之前，有幾件事情要先說明。每一堂課中，都會有人問：「若我壓力很大，可不可以靠這方法讓自己冷靜下來，像是塞車的時候？」答案是：絕對不行——特別是靜心的部分。你可以安全地張開眼睛利用「好好感受」來冷靜。Ziva靜心的網站上也有很多幫助你冷靜下來的專注練習，很適合這種情況。但是，若你在駕駛、照顧小孩或站在擁擠人潮中，必須保持清醒、警戒、注意環境，請絕對不要讓自己進入第四意識。

Z技巧的重點，在於協助你發揮腦部與神經系統的最佳功能，可以在健康的狀態下以高效的方式面對這些狀況，而不是要你在當下馬上冷靜。Z技巧的作用在於找到問題根源後治本，而不是只治標。

※靜心時最容易發生的五種狀況

若要你命令心臟不能跳動或指甲不能生長，是很滑稽的。你的身體不能這樣搞，許多人卻覺得「理想」的靜心應該是把腦子關掉。我已靜心超過十一年，從未在靜心過程中眞的什麼都不想。一次也沒有。若靜心眞的要把大腦關機，我就不會有學生了，顯然腦中有沒有思緒根本不是重點。你在看完這本書之後，可以自己做決定，試著練習幾週，同時對自己溫柔一點，也讓自己保持好奇心。

我想請你放下原本對靜心的觀念、應該怎麼做的迷思，試試用我介紹的工具，觀察自己的感受。這正是本書命名爲《壓力更少，成就更多》的用意——重點是你的成果，不是靜心。若你對「靜心」一詞過敏，很好。那就試試Z技巧，看你有什麼感覺。

若你以前試過靜心，覺得自己因為不會「淨空思緒」所以很失敗，**那完全不是問題**，給自己一個機會來練習Z技巧吧。接受初學者的心態。初學者往往比吃這行飯的專家還能學到更多。靜心時有雜念，表示你的壓力正在離開身體，身體在自行療癒。壓力釋出總比留在體內好，對吧？當你感覺到那些思緒跑出來，你要知道那是壓力在離開你的神經系統。

看完整本書後，若你只記得一件事，請記得：深層靜心並不比淺層靜心好。我再強調一次：**深層靜心並不比淺層靜心好**。我將深層靜心定義為：時間過得很快，你沒什麼想法，你很享受這次靜坐。而淺層靜心則是時間過得很慢，你覺得自己只是坐在那裡，一直想東想西，靜坐的過程你並不舒服。這兩種都對你很好。深層靜心表示身體獲得深度休息；淺層靜心表示身體在釋放壓力，轉化為千思萬緒。兩種沒有優劣之分。你可以將這句話寫在鏡子上，印在衣服上，或紋在額頭上。我知道這聽起來很瘋狂，而且和你聽過的靜心觀念都不一樣，但這是眞的。

因爲每個人都是獨一無二的，不可能確切地斷言你的靜心一定會如何。不過，靜心通常可以分成五類——三種很有效，兩種沒有效。

請注意，這些例子不是假設情境，或許你在靜心時都會經歷。另外，這些例子用的不是眞正的梵咒，請不要在家嘗試。

當你坐下來靜心時，背靠著，頭可以自由轉動，開始前先看看時間，並算好結束的時間——正念和靜心約十五分鐘，再加上兩分鐘左右的顯化，讓你結束深度休息。記得，靜心時閉上眼睛，讓梵咒像酒吧裡的那個大帥哥或大美女一樣靠近你。

•有效靜心體驗之一：思想的列車

你坐下來靜心，閉著眼睛花幾秒鐘放鬆。你念起你的梵咒，想了幾次，然後讓這梵咒愈來愈模糊，愈來愈遙遠，像是遠方背景有人在說悄悄話，注意這聲音是拉長了還是短促了、變大聲了還是小聲了、變快還是變慢了，你就任梵咒迴響幾次。最後，這個梵咒沒有了意義，只剩下一個聲音。你開始想著你的梵咒（以下例子中，我會以「Ziva」做爲梵咒）：

（Ziva.）（Ziva. Ziva. Ziiiva.）Ziva眞是個奇怪的字。奇怪。字。怪字。還有什麼怪字呢？Ziva多念幾次聽起來好像恰。等等，不，我覺得這樣聽起來會變成恰恰恰。哦，不曉得時間過了多久？我來看一下。五分鐘。好。還不算太糟。我覺得我可以再做五分鐘。

（Ziva. Ziva.）Diva. Ziva. Diva. Viva. Ziva diva viva. Ziva Las Vegas！不對，是Viva Las Vegas。（Ziva.）。嗯。哦，糟了，我把錢放在褲子口袋裡了。別忘了，錢在褲子裡，錢在褲子裡。等等。我要怎麼記住？我知道了——電視上教的記憶法「錢，褲，錢，褲，錢庫。」噢，不，現在我想尿尿了。等等，上次那個電視主持人也有靜心對不對？不曉得我是不是和她一樣擅長靜心。嗯，我是在拿自己的靜心能力和明星相比嗎？這聽起來不太像是靜心時該做的事。五分鐘一定過了吧。我看一下。一分鐘。嗯，好吧，繼續念咒。

就算你的思緒一直來一直來一直來，只要你有心坐下來靜心，讓你的梵咒慢慢浮現在腦海中，就像一個很模糊的想法——只要最後你能安全地停下來，這就是正確的靜心。你可以任思緒飛馳，一節接一節就像列車一樣逐漸跑遠。只要發現自己不專心時用梵咒讓思緒飄回來就好。**記得，雜念不是靜心的敵人；刻意靜心才是。有雜念就表示壓力正在離開你的身體。**

另外，也請記得，若你很好奇到底過了多久，只要睜開眼睛看看手錶、時鐘或手機（若你非用手機不可，就開飛航模式，或下載時鐘應用程式）。若時間還沒到（專注和靜心總計十五分鐘，再加上顯化兩分鐘），就閉上眼睛繼續念梵咒。不要因爲在意時間而耗費了心神。連續練習幾天之後，你會很訝異原來只要花時間訓練自己，體內的時鐘竟可如此準確。

• 有效靜心體驗之二：七嘴八舌

你坐下來，背靠著，頭放鬆，開始之前先看了看時鐘，數著呼吸，閉上雙眼。腦海中漸漸浮出梵咒……

（Ziva. Ziva. Ziiiiivaaaa…）噢，哇。你知道我這星期要完成什麼嗎？報稅！我一點都不想整理所有的收據。雖然整理完後，帳本會比較清楚，我也會知道壓力讓我花了多少錢。我得確定我能準時完成而且——我本來在幹嘛？哦，對。靜心。不好意思啦，稅務要等等，我得先念我的梵咒。（Ziva. Ziva…）我該去剪瀏海嗎？那天在百貨公司看到的那個女生，我眞的很喜歡她的瀏海。可是那個髮型配我的臉型嗎？搞不好可以，但我眞的準備好要換髮型了嗎？等等——我本來要做什麼？靜心！不好意思啦，瀏海，我得念梵咒，梵咒在等我呢。

（Ziva. Ziva…）不知道我的狗現在在想什麼。搞不好想要點心，天啊，牠眞的很愛吃零食。牠對零食熱衷的那種程度啊，我眞希望我對我的生活也一樣熱衷。若牠有自己的梵咒，我敢說牠的梵咒一定是「零食。零食。零食。零食。」這不是我的梵咒。我的是什麼？哦，對。（Ziva.）零食。（Ziva.）零食。（Ziva…）

在這個例子裡，你的梵咒較模糊、細微，而且你同時間一直在想東想西。你會發現自己常常進入這種狀況。其實，當梵咒和雜念同時出現時，你就應該當成是在開派對。

在宴會中，你的梵咒是貴賓，你的雜念就是其他客人。受邀的客人是你喜歡的雜念，不請自來的客人就是你不喜歡的念頭。受邀的客人可能是「我才剛加薪」「我最近交往的這個人很不錯」「我覺得我是地表上最會靜心的人」等。不請自來的客人就像是「不知道我這樣做對不對」「我不喜歡這個梵咒」「我覺得自己在浪費時間」「我還有一千封電子郵件要回」「我不知道這個月的房租要怎麼生出來」等。這些都是充滿壓力又笨拙的不速之客。但聽我說：在這場宴會裡，你就是主人，不是保鑣。我相信你在宴會中一定能夠挽著貴賓——也就是你的梵咒，同時招呼其他客人。

好，宴會的比喻很適當。你會常常想起這個比喻。有些派對讓你樂在其中——一群最要好的朋友在高檔餐廳聚會。有時候，靜心就像是人太多、音樂太吵雜、燈光太刺眼的派對，而且院子裡還有醉漢在咆哮。不管你的靜心最後是哪一種派對，記得，你是**主人**，不是**保鑣**。

我希望你把靜心當成派對。假設你在派對裡和別人說話，過了一會兒，你發覺他們很煩，跟他們沒什麼話好聊了，而且他們還有點口臭。

通常你不會在他們話還沒說完時就失禮地走開，你會讓他們講完一部分，然後找個禮貌的方法脫身：「哦，不好意思，我看到了一個老朋友，我過去聊聊。」然後優雅地朝那個方向離去。

你轉身，朝正面的同伴前進，而不是迴避負面的人。靜心時也一樣。當你發現雜念讓你停止念咒，你只要輕輕地朝梵咒走去即可，不須用力轉方向盤駛離你的雜念。

•有效靜心體驗之三：極樂之境

第三種靜心時可能發生的情況，我稱爲「極樂之境」。感覺可能像這樣：你開始靜心，念咒，然後……

（Ziva. Ziva. Ziva. Ziva. Ziva. Ziva…）（……）（……）哇！剛剛發生了什麼事！我不是在靜心嗎？好，來。（Ziva. Ziva. Ziva. Ziva. Ziva. Ziva. Ziva…）（……）（……）

你一時之間發覺：「**哦，等等，我沒在念咒。**」但你腦中最後一個念頭就是你的梵咒。有一小段時間，你不知道發生了什麼事。或許是你不專心了，或許是你打盹了，或許是覺得自己睡著了。那一分鐘感覺像一百分鐘那麼漫長，又或者十五分鐘感覺像兩分鐘那麼短暫。這種感覺很容易讓人誤會成自己睡著了。事實上，這不是睡眠，這是懶人靜心法：你其實進入了極樂之境——就是我一直說的第四意識。

好，極樂之境有點麻煩：你抵達極樂之境時，並不曉得自己已經到了極樂之境。就定義來說，你脫離了思考的領域，進入存在的領域，所以你不會想到：「**哦，對，我身處極樂之境，感覺眞美好。**」

往往都是離開了以後才發覺：「**哦，等等，我剛剛好像辦到了！我剛剛就在極樂之境！等等，我想回去！**等等，Ziva, Ziva, Zivaaaaaaaaaa！」然後你開始追逐那個感受，這在剛開始靜心的前幾天，是很正常的。比較輕鬆的做法，是讓極樂之境在想來的時候來，需要停留多久就停留多久。

前三個例子，是在練習Z技巧靜心時很舒服、愉快的過程，你很可能在每次靜坐時都經歷到。現在，我們來談談兩種常見的情況。若你一直糾結在如何靜心才是對的，就容易遇上。

•無效靜心體驗之一：沉思

第四種靜心時可能出現的情況，像這樣：

（Ziva. Ziva. Ziva. Ziva.）不知道下班後該不該去健身房？咦，對，下班後就是應該去健身房。去了之後總是會覺得好一點。（Ziva. Ziva.）喔，可是我明天還有一個大專案要交。哦，我今天一定要做完。（Ziva.）但我眞的很想去健身房，可是我去了又會很掛心！喔，若我去了健身房，我一定會很愧疚，因爲我專案做不完。（Ziva. Ziva. Ziva.）等等，梵咒先別煩我。我得想清楚。若我把專案做完，我就會覺得很愧疚，因爲我沒去做運動。啊！我到底要加班還是去健身房？要加班還是運動？要加班還是運動？哦，等等，我覺得我應該要靜心。我的梵咒是什麼？（Ziva.）我說了先等一下再念梵咒！要加班還是運動？要加班還是運動？

在這個例子裡，你發覺自己沒在念咒了，但你決定先不念咒，因為你要先解決世紀難題，想清楚究竟要加班還是去運動。這是我們少數在靜心過程中會犯的錯。當你發現你沒有在念咒，而且決定不念咒的時候，你就從靜心模式切換成沉思模式了。你這天其實還有另外二三．五小時可以用來想事情。你不必看這本書也知道要如何默默地在腦子裡想事情。

在每天兩次，每次十五分鐘的時間裡，你要用來靜心，這代表當你發現自己沒有在念咒的時候，你可以輕鬆地、溫柔地繼續念咒。沉思模式的問題，在於腦中不斷冒出來的這些想法會讓你覺得超重要、超緊迫、超特別，但其實在九九％的情況下，這些事情真的沒那麼重要。大部分只是你的大腦在倒垃圾。

你不需要在身邊放一本日記，把所有浮現出來的想法都記錄下來。只要放掉這些雜念，相信精采的想法會在你清醒的時候更自由地浮現出來。值得探究、追蹤的事情在靜心結束後，還會繼續等著你。

沉思模式和思緒列車唯一真正的差異，在於當你進入沉思模式時，你發覺自己沒在念咒，而你主動**選擇**停下來。思緒列車則是當你發現自己沒在念咒了，你就繼續念。大腦裡出現一千則雜念也完全沒問題，但當你的梵咒輕輕拍你的肩膀時，就表示你該繼續幫自己解壓了。不要忽視梵咒的提醒，或一拖再拖。

• 無效靜心體驗之二：球棒

你坐下來，閉上眼睛，開始念咒：

（Ziva…Ziva…）不曉得我的狗現在在想什麼。天啊，他好愛吃零食——不！不要再想了！不要想零食。ZIVA！ZIVA！ZIVA！我眞希望自己熱愛生活的程度和他愛吃零食的程度一樣——ZIVA！ZIIIIIVAAAAA！

第五種靜心的情況，就是我們把梵咒當作球棒一樣，想要趕走我們的思緒。你一定在想：雖然艾蜜莉說她靜心了超過十一年，從來沒有一次腦袋淨空，但我敢說她一定能在極樂的境界裡悠遊，所以若我開始胡思亂

想，我就要用打地鼠的方式把這些思緒都趕跑。我就是要一直念梵咒、梵咒、梵咒！把所有浮現出來的思緒都壓下去。

這完全和無爲靜心相反。你的梵咒不是用來打地鼠的球棒。你若在雞尾酒會裡拿球棒打客人，他們都會覺得很困擾吧？你應該把你的梵咒和思緒都當成賓客。當你發現你神遊去了（沒關係），就飄回來用梵咒定心。

若你在一個很吵雜的環境裡，會忍不住想揮棒，因爲你覺得那些噪音很負面或「讓你分心」。我可以理解你想要用梵咒擊退噪音，但請不要這麼做。讓噪音成爲體驗的一部分，請記得噪音不是靜心的阻礙。不管去哪裡，你都可以念咒。只要你能念咒，你就能靜心！

你會發現，當你可以愈輕鬆地使用梵咒，梵咒的威力就更強大。你可能已經注意到了，靜心時若你開始想事情或皺眉，就會感覺到前額葉的位置開始頭痛，這表示你的大腦在訓練你，比我的訓練更有效。但是，若你讓梵咒在腦海中像是背景音樂慢慢浮現，梵咒就可以做爲你的心錨，讓你定下心，緩和你的神經系統。

基本上，當你刻意念咒時，你的大腦就會處罰你，讓你頭痛。若你把梵咒當成背景回音，用來緩和神經系統，你的大腦就會獎勵你，給你多巴胺和血清素。你的大腦是不是好聰明、好棒棒？

揮棒模式的問題在於，我們太想進入極樂之境了，所以一直揮棒。你愈想前往極樂之境，就會離愈遠。要知道，極樂之境不是靜心的重點或目標。把極樂之境設定爲目標是很糟糕的，因爲你永遠不知道自己有沒有達成目標，通常都是在你離開極樂之境時，才發現自己去過。

幸好，你在極樂之境待多久並不重要，因爲你離開了思考的領域，進入了存在的領域，代表你超越了時間的領域。靜心時不必好勝，你不會因爲在極樂之境多待兩分鐘就獲得一面金牌。能在極樂之境待多久不是你能掌控的，極樂之境只是你在靜心過程中可能發生的事。那不是重點，不是終點，也不是只有極樂之境才能讓你得到靜心的好處。矛盾的是，你愈想進入極樂之境，就離極樂之境愈遠。請放輕鬆。靜心時，讓自己鬆弛下來，甚至懶散一點，這會讓你接下來的生活不會那麼懶散。

※最後的叮嚀：刻意掌控，效果差

如同你不能命令你的心臟停止跳動，或命令你的大腦停止思考，你也不能指揮你的大腦進入某種靜坐的狀態。你的身體和心智會和你的梵咒一起朝著身體需要的方向紓解壓力。你愈是刻意控制這個體驗，靜心的效果就愈差；對高成就人士來說，這可能違反直覺，但愈早接受這一點，靜心的過程愈不費力，效果就愈好。

記得我們說過要順勢而爲嗎？順勢就是靜心的關鍵：你要做的除了每天靜心兩次之外，別無其他。只要乖乖第一天在椅子上坐兩次——相信我，這就已經充滿挑戰了。你一坐在椅子上，就讓梵咒來主導吧。要相信你的身體知道如何療癒自己，也知道如何給身體需要的休息。寶貝，這就是無爲瑜伽。「無作爲就達到和諧」。

每日練習Z技巧

1. 定好鬧鐘，每天提早二十分鐘起床。
2. 盥洗。
3. 坐在椅子上：

- 背靠著，讓頭能自由轉動。
- 身邊放個時鐘或手錶。
- 別擔心環境夠不夠安靜。
- 靜心前，看看開始的時間，計算好十五分鐘後是幾點幾分結束。
- 正念：花一至兩分鐘進行「好好感受」。
- 靜心：慢慢地讓梵咒浮現在腦海中。這不是讓你集中注意力的工具，雜念不是靜心的敵人——關鍵在於不費力。若梵咒沒有自己冒出來，就模模糊糊地想著梵咒。若梵咒在腦中漸漸消退了，沒關係。雜念會冒出來。很好。當你很好奇過了多少時間，就睜開眼睛看看時鐘，想看幾次就看幾次。不要設定鬧鐘；開始訓練你的內在時鐘。（若你想設定鬧鐘，可以設定在二十二分鐘後提醒你，當作預防措施，這樣就不怕自己靜心時睡著了。）

• 顯化：結束梵咒後，花兩分鐘讓自己安全地停下來，花點時間感恩一切，溫柔地想著你的夢想或目標實現時的畫面，如同此刻你已活在夢想中。送自己一份禮物，感受一下完成目標時你有何感受。

4. 接下來一整天，都享受著自己的巔峰表現。

5. 下午或傍晚的時候再來一次。在靜心變成你的本能反應之前，每天都要安排第二次靜心的時間，重視的程度如同你去和律師開會或和好朋友聚餐一樣。

6. 不要為了求完美，反而做不好。不要為了做好，反而做不到。只要每天乖乖在椅子上靜坐兩次，接下來的事就交給梵咒。

回家作業

拿出手機或行事曆，把接下來二十一天的靜心時間都安排好。我是說真的。只要花五分鐘，你的靜心旅程就能順利展開。若沒排好時間，你就無法養成習慣。

每天上午的靜心，就設定在你平常起床前二十分鐘，這樣你就可以在早餐前完成靜心。然後你可以看著每天超級滿的行程，想想你什麼時候要給自己最好的表現、最佳的腦力、最棒的自己。空杯倒不出東西來，所以你要先重視自己。相信我，每個人都會感謝你。

9

幸運之門開啓

恭喜！你已做足功課，決定踏上靜心的旅程，準備迎接新生活了！接下來的發展非常有趣：每天靜坐兩次，幾週之後，你會發現自己離開身心排毒階段；你可能會注意到Z技巧的效果不僅限於職場，還滿溢到日常生活裡。我喜歡稱此現象爲「業力引爆」，好運旺到停車位會自動出現。這是眞的。若生活中忽然有很多「巧合」，也別吃驚——那表示你每天有紀律地靜坐後，效果已逐漸滲透到你的身體、心智和表現。

❊ 人生路上的減速標線

我想先解釋一下我說的「業力」。大家似乎覺得每個人都有一個宇宙帳戶，善業愈多，善果就愈多，而你現在碰到一些比較不順的經歷，就是因爲過去有惡業，所以有惡果。事實上，這是一種誤解。梵文裡的業力指的是「行爲」。當我說你停車的好運會增加時，我的意思不是說你好心有好報，或是宇宙要清算你以前累積了多少善報、惡報。業力，是你採取了行動之後，在生活中產生的漣漪效應。

另一方面，梵文裡的「達摩」，指的是人生歷程或更高的使命。業力和達摩合在一起，你可以想像成在寬廣平順的六線高速公路上行駛。達摩就是你的旅程，業力可能是順暢的交通，讓你可以輕鬆優雅地抵達目的地，或是鋪設在路肩的減速標線，讓你不小心偏移時感受到輪胎的震動，提醒你要回到車道上。

若我們從這角度來理解業力——路面不平是提醒我們偏移了方向，交通順暢表示我們在正確的路上——我們就更能明白，每天靜心的效果何以能延伸到我們的工作與個人生活之外。隨著你拓展意識，你可能會開始留意到生活中愈來愈多令人開心的「巧合」，可能是輕鬆找到停車位，或是正好認識了一些人，展開新契機。

緣分能譜出如此悅耳的交響曲，是因為你的直覺更深刻、敏銳，你看事情的角度也變得更透徹，不再被擔心匱乏的憂慮蒙蔽。當你愈來愈信任自己

業力：簡單的翻譯，就是指「行為」。
達摩：生命歷程。
（這些詞彙都來自吠陀的古老智慧。吠陀是人類對於自然法則的理解，而不是任何宗教教義或教條。）

的本能和內在的聲音，信心漸增，你就會發現你的行動愈來愈果斷，愈來愈有意義，儘管有時候你不一定清楚採取這些行動的理由。這種直覺愈來愈強烈的現象，我稱爲「大自然的導航」。

再回顧一下五感同時覺知的概念。你開始每天靜心兩次之後，更能同時察覺許多感受，能注意到最細微、幾乎無法察覺的提示，更迅速、更準確地搞懂狀況。你會不自覺地注意到一些模式，並且內化爲你的決策；你會知道你最喜歡的店家什麼時候較不忙碌，那時候去自然比較好停車，也較不需要排隊。你會更清楚身旁的人過著什麼樣的生活，忽然發現原本似乎不相關的人，其實擁有相同的目標或互通的資源，透過你，大家都可以有更多成就。換句話說，你不只是讓自己的生活升級而已。

※順勢

很多人注意到生活愈來愈順遂、有許多巧合之後，我給他們最好的建議，就是「順勢」；換句話說，就是**順從你的直覺**。這是鍛鍊直覺的優點：你會對於直覺引導你的方向愈來愈有信心。這種直覺讓你可以解讀周遭的狀況，並且依狀況行事，不會強求事事都要按照你的安排。

當我們不再認為非得要有我們想要的結局才能快樂的時候，我們就能讓每件事按照宇宙的安排去發展，而不勉強。我可不是要你消極、被動地虛度人生，而是要你眞誠地和這世界交會，並在你獨一無二的定位上發揮功能、滿足需求，進而圓滿人生。當生活順遂如意時，就是業力在告訴你，這正是你該走的方向。因為你愈來愈能察覺細微的變化，也愈來愈能提供解決方法。

這是我的親身經驗。幾年前，天氣晴朗的某一天，我在紐約街頭正要走去 Ziva 教室上課，忽然有一種不吃巧克力會死的感覺。我很熟悉對巧克力上癮是什麼感覺，但這次不一樣。那是宇宙傳遞了一股欲望給我。我暫時停下腳步，納悶著這股感受怎會來得這麼急、這麼強烈——我沒有懷孕，也不再嗜吃甜食，但我甩不掉那種非得立刻吃到巧克力的欲望。

我回到剛才經過的那間烘焙坊，心想或許裡面有些東西可以消解我的欲望，結果我竟碰到了一位老朋友潘蜜拉。幾年前我們漸漸失去聯絡，再見到面實在太開心了，便花了點時間聊聊近況。潘蜜拉和我都曾參與音樂劇《金牌製作人》的全國巡演，她現在是領有證照的按摩治療師，但她也提到她正在準備瑜伽師資訓練，很想結合按摩和瑜伽。潘蜜拉還不知道哪個方向是正確的，我建議她研究一下阿育吠陀，因爲阿育吠陀裡有不少學派結合了觸碰與瑜伽的元素。這建議讓她雙眼一亮，表示這正是她想走的方向，只是還不夠篤定。我立刻將她介紹給我的阿育吠陀醫師，她現在正在接受阿育吠陀訓練。

那天我們相擁道別後分道揚鑣，我發現我已經不再嘴饞了，而我一口巧克力也沒吃到。這時我才發現，原來那股嘴饞的欲望根本和巧克力無關，那只是我的大腦在爭取我的注意力，或是宇宙在指示我，需要透過我來分享一份禮物。或許是我經過烘焙坊時從玻璃裡瞥見了潘蜜拉，但我們太久沒見面了，我並沒認出她來。或許宇宙有更高深的含意。爲了要逼我轉向，我的大腦製造了一股揮之不去的欲望，使我走進烘焙坊，這樣我才能認出好朋友，重新取得聯繫。

因爲這次「巧遇」，我才能將我對阿育吠陀醫學的理解分享給她，協助她走上平順的達摩歷程。表面上只不過是想吃巧克力，但實際上是我的直覺導引我，透過這場機遇，讓我能爲朋友盡點心力，使她找到自己發揮價値、貢獻心力的方法。關鍵在於觀點的變化。

人們在碰到挫折與困難時，最習慣的反應，就是問：「這種事怎麼會發生在我身上？」我要鼓勵你這樣想：「這件事發生在我身上，有什麼意義？」回想一下前面提過的，高速公路上車道兩側和路肩設立減速標線的比喻，你覺得哪種反應比較好？是一直抱怨你開在減速標線上，搞得車子一路顛簸而且很吵雜？還是看清楚減速標線的用意，是要警告你已經偏離了正確的車道？人生的道理也一樣。當你的注意力從「壞事怎麼發生在你身上」（讓你感覺自己是受害者，很委曲）轉移到「事情不如意必然有理由」（爲了讓你成長、進步，最後更強大），你不只取回了人生的主導權，還認清了你的作爲和行動都會有更深遠的意義和影響。

你現在的經歷不但有起因，而且還有一份經驗教訓要傳授給你——結合了過去、現在和未來，就是要協助你評估你目前的現狀。（幸好你的右腦愈來愈發達，可以幫助左腦一起分擔，對吧？）當你繼續相信事出必有因——上帝、自然、宇宙或任何你相信的力量站在你這邊，用業力來引導你朝更崇高的目標前進——你就能更輕易地體會逆境、順境要給你的訊息，並且看清楚方向。

生活不順遂時，將之看成是人生的導引，而不是處罰，你就能問對的問題。當你順從直覺，讓直覺引領你走向人生要給你的美麗驚喜，不管是在高人氣餐廳裡免訂位就能入座這種小事，或是原本計畫要拜會總裁，排了六個月都排不上，結果在路上不期而遇這種重大機遇，你都會發現**你在這世界有一定的影響力和號召力，而你影響的這個世界比你想的大很多**。

※心流狀態

「心流狀態」的觀念，近年來受到不少矚目。心理學家米哈里．齊克森用「心流」來描述一個人做某事時全神貫注、投入忘我的狀態——這種狀態下，甚至感覺不到時間的存在，且當這件事完成之後，會有充滿能量和成就的感受。體育選手說，那種感覺就是「進入了對的狀態」。你或許也經歷過——你開始工作、表演或運動，卻發現時間好像慢下來或停下來了，直覺變得非常敏銳，說不定你還覺得身體不是自己的，而你一次又一次成功地完成目標，不斷超越過去的表現。心流往往只持續幾分鐘，或頂多幾小時，但你可以在很短的時間內就有極佳的表現，沒進入心流狀態時往往辦不到。

這不是什麼新概念，東方思想幾千年來都知道，人腦在高層次的意識狀態下可以產生非常好的效果，超越清醒時能有的表現。當大腦進入更高層次的運作模式時，會運轉地飛快，不斷拋出想法，有效率地執行，而且不會多慮。還記得我們在第四章討論過 α 波和 θ 波，可以幫助大腦從甦醒模式切換到睡眠模式嗎？研究發現，當人進入心流狀態時，大腦也是由 α 波和 θ 波掌控。你有沒有過在夢中發揮了創意，醒來的時候心想著：那可以**變成一項很棒的商品、一本很棒的小說、一場很棒的活動或一個很棒的點子**？你在睡眠與清醒間的狀態下，不算是做夢，批判的左腦不會一直扯你後腿，說夢境裡的想法在現實中做不到，也不會讓你質疑到底可行性有多高。

那麼，要如何進入心流狀態？方法有二。第一種方法，是認眞地盤腿坐下來，手指做出花俏的姿勢，努力地希望自己快點進入心流狀態。但是，如同我聰明的丈夫經常提醒我：希望不是一種策略。若希望自己進入心流狀態就能進入心流狀態，我們只要每次上臺前、辦公前、跑步前或面對任何挑戰前，希望自己進入心流狀態就好啦。對我們多數人來說，大腦未經訓練，無法隨時進入那個清醒與睡眠間的狀態；若不是很清醒，就是會漸漸睡著。

第二種方法，就是訓練你的身體和心智更輕易地進入心流狀態，並且整合到清醒的狀態中。要怎麼辦到呢？沒錯，就是定期靜心。（哦，拜託，你看到這裡也該猜得出答案了吧。）

靜心能在大腦中產生同樣的 α 波和 θ 波，和快睡著前以及心流狀態產生的腦波一樣。靜心習慣保持得愈久，就愈能輕鬆自在地進入那個創造力和執行力都高於凡人的境界。你愈能舒服地讓大腦在該境界裡探索，就愈能自然無縫地進入，有時甚至當你沒在靜心也能抵達心流狀態。若你選擇在人生旅程中追求更深層的靜心，你或許會發現自己能更頻繁地進入心流狀態。

有一位完成線上十五日靜心課程的學員表示，現在她的身體就像谷歌的自駕車一樣，她已經不需要駕駛了。掌握心流多棒啊！

另一位學員賴瑞．沙克，分享了他的心流體驗，相信他強大的文字能鼓勵你展開你自己的旅程：

我以前是完美主義者，又是工作狂，現在逐漸恢復正常了。Ziva靜心改變了我的人生。幾個月前，我開始上課，每天都會靜心兩次，絕不鬆懈。開始靜心之後，我也經歷過一些情緒十分波折的階段，但現在，我工作時更專心、產能也更高了。我在更短的時間內能完成更多工作，表示工作不再占據我所有的生活。我比過去更能享受生活。若你才剛開始，靜心眞的是天降神兵。請給你自己需要的時間來適應新作息，讓靜心成爲生活的一部分。你身邊的人都會感謝你。

即使你擁有輕鬆進入心流狀態的能力，這怎麼會影響你的生活和處境呢？當你不再一心一意為自己著想，你就能在更高的格局上發揮，還騰出了時間和精力幫助其他人，讓他們的表現也能升級。我們心中最想要的，其實是我們完成目標以後的感受：自由、自足、自在。問問自己：若想獲得這些感受，是追求空虛的物質比較好，還是在職場和生活中發揮所長比較好？以及，接下來你要如何把順利的生活轉化成更好的決策，來影響你的家庭、你的公司、你的社群甚至是整個地球？

※改變世界，從一次十五分鐘做起

我知道你可能兩天前才開始靜心，療癒世界聽起來有點遙遠，但我想讓你預覽一下接下來會發生什麼事。每天安靜地靜心兩次，怎麼能影響這個世界？微觀而言，我可以很有信心地說，當你開始靜心後，你的直覺會更靈敏，更清楚你的身體需要什麼才能以最佳效率發揮巔峰表現。接上身體的頻率雖然是小事，卻能改變飲食、購物、行動、思考和與人互動的方式。

宏觀而言，你會注意到當你變得更有同理心的同時，也變得更慷慨大方了。你在靜心時，會點亮「背外側前額葉皮質」，此腦部區域負責處理我們察覺到人與人之間有哪些差異。同時，也會強化背外側前額葉皮質和「腦島」之間的連結，而腦島是大腦的同理心中樞。因此，你能同理那些和你不同的人，你會變得更大方。幫助大腦溝通的神經傳導物質經過強化之後，人們就更能體會和付出。當你離開「等待幸福」症候群，讓靜心提醒你，你的幸福不必外求，那麼你和欲望的關係就會開始變化。

你可能還是想賺很多錢，但你不會再誤以為唯有金錢才能讓你快樂。你會讓欲望帶領你，讓你知道宇宙如何透過欲望讓你實現更多成就。這將協助你從過去的貪心、怕窮，轉變為富足、寬宏。

事實上，一項科學研究證實靜心的人比不靜心的人更大方。當我們的注意力從如何賺大錢轉移到圓滿人生，我們即可漸漸地從怕窮、怕少、怕不足等根深柢固的貪念文化，轉移到富足的心態，滋養慷慨寬宏的心胸。

我們都很熟悉甘地的格言：「成為你想看見的改變。」但甘地還有另一句較少人知的格言，更能歸納我要表達的重點：「人類偉大之處不在於我們能改變世界——那是原子時代的神話——人類偉大之處在於改變自己。」當我們能培養自己的同理心，我們就能培養自己愛的能力，不再收容會阻擋同理心的其他欲念了。

達賴喇嘛說：「若我們能教每個八歲的孩子靜心，我們在一個世代內就能終結戰爭。」你決定開始靜心，會玄妙地影響到七千英里外的某個人也開始靜心嗎？不會。但你的決定會增加這個世界的同理心總量，即使只有一個人開始增加了同理心，那也是很顯著的變化。當你開始療癒自己，你就在集體療癒的過程中盡了一點力。

你選擇開始靜心的原因，是和你自己有關；開始靜心後，受影響最多的也是你的生活。但這些影響——你的壓力減少、更健康、創造力增加、意識拓展、更具備同理心、直覺更敏銳、成就感更多——有潛力創造更多影響，延伸到你的生活之外，甚至在你的生命結束之後，影響還能持續。

閉眼練習

超能力姿勢

我在寫這本書時，經常把壓力想像成大壞蛋。想像你自己是英雄，這些效果強大的心智技巧，就是你剛獲得的超能力。在這個練習裡，我們要啓動大腦、呼吸和身體，進入成功的心智境界，讓你能立刻揮棒出擊。

我們的肢體語言會受到心智狀態影響，反之，心智狀態也會受到肢體語言影響。所以，我們來創造一個勝利的姿勢，進入勝利的心智狀態。首先，雙臂高舉過頭，雙手向上向外延伸，像一個巨大的V，代表勝利；或你想用其他手勢來代表順利得分也可以。雙手掌心相對，但不要相碰。

維持這個姿勢，我們要開始「火呼吸」，亦即用鼻孔快速地吸氣、吐氣。首先，放鬆下顎，雙唇微張。放鬆眉毛，然後開始快速地同時用兩個鼻孔吸氣、吐氣。可以先慢一點，但最後要加快節奏，感覺自己就像一隻興奮又喘噓噓的小狗。（用鼻孔喘氣，不是嘴巴。）

快速呼吸三十秒之後，放鬆臉部，讓腹部呼吸也跟上節奏。若你瞄肚皮一眼，應該會看到肚子快速地起伏。你的手臂會開始有點痛，沒關係。若你站著，開始覺得頭重腳輕，可以坐下來。（多練習幾次之後，這症狀就會好多了。）

現在請放下手臂，閉上眼睛，花點時間凝神。現在身體最明顯的感受是什麼？和進行火呼吸之前的感受，有何差異？你可以感覺到血液流回手臂嗎？花點時間讓身體裡的每個細胞，吸收這種快樂和勝利的感覺。

再一次。雙臂高舉過頭，雙手向上向外延伸，像一個巨大的V，雙掌相對不相碰。再進行一次火呼吸，這次維持四十五秒。

讓自己成為宇宙的容器，透過你發生作用。想像自己成為一股通道，讓能量、直覺、想法流過去。讓你的自尊、疑慮、執著都流出去，也不要勉強每件事都順著你的安排，沒有你想要的結果就崩潰。

你只是導體。把自己想像成一座巨大的天線，讓能量從手臂和頭頂流進你的身體，流竄全身，經過雙腳流入地面。同時享受通天的輕盈與踏實的穩重感，最後結束火呼吸，放下手臂。

花點時間體會這種感受，看看自己在火呼吸的前後，是否有不同的感覺。只要察覺到自己在大活動前需要提振信心，就做一次這個練習。

10

最精采的你

現在，我要問你一個很直白的問題：對你的工作表現而言，最重要的是什麼？你能否升遷，是取決於你**對工作的感受**，還是你能不能**把工作做好**？我相信，這是你在決定是否要每天練Z技巧時，必須衡量的因素。

數不盡的學員跟我提過他們對靜心很感興趣，但他們終究不願意花時間嘗試，因爲他們「太忙了」或「不想變成會靜心的那種人」。很好，因爲在Ziva，我們也不是很喜歡那樣。事實上，我們的學員多數都是爲了提升表現而來，不是想要「變成會靜心的那種人」。你對靜心有什麼觀感，眞的不重要。

想一想：有人在乎他們踩踏步機的那四十八分鐘有什麼感覺嗎？有人會去思考自己有沒有很享受每天喝八杯水嗎？當然沒有。大家眞正在乎的，是血壓有沒有降下來，精神有沒有變好。你在乎的是衣服穿起來好不好看、肌膚是不是亮透白、腦筋有沒有更敏銳。也就是說，追求身體健康過程中的感受並不重要，眞正重要的是改變生活方式之後的眞實效果。靜心也是如此。若你覺得要改善生活，需要的是一套運動、一場公眾演說的課程或更乾淨的飲食，或甚至你覺得這整套「壓力更少，成就更多」的概念都是胡說八道，對我而言都無所謂。

但是，對你有所謂。是你要承擔你每天所做的決策。或許其他方式也能改善你的生活，若是如此，我祝你幸福快樂——眞的。但若你嘗試過其他方式，效果都不持久，或許你就該試試別的了。

若你的職場生活停滯、家庭生活受阻，或是覺得腦筋打結，想不通許多問題，你當然也可以慢慢等……但你要等什麼？

或許新的契機會突然降臨，靈光會忽然乍現，病情會奇蹟似地好轉，或許你的肌肉張力會忽然增加，膽固醇指數會突然下降，或許你會莫名變成健身狂人。說不定你累積多年的壓力就神奇地一夕之間消失了。或許你等一等，所有的煩惱就都不見了。或許……這些都不太可能發生。

你可以期盼自己變得更新、更好，過著更棒的人生；或者，也可以換個方式。如同俗話說的：「瘋子就是重複做同樣的事情，還期待會出現不同的結果。」你沒瘋——你很棒。你只是想靠自己的努力變得很棒。我也很喜歡愛因斯坦說的另一句話：「用製造問題的腦筋去解決問題，是行不通的。」

若你已被某個問題困擾很久，或許該試試一種經過科學證實可以提升你認知表現，並讓意識狀態升級的方法。現在就是你下決心的時刻。答應自己，並遵守約定。你每次這麼做時，都是在建立自己的誠信。

※升級的內幕

在電玩領域，「升級」代表角色可能在電子世界裡通過了一個高階關卡，或完成一項困難的任務，因此獲得新技能、新工具或解鎖新關卡。換句話說，這個角色變厲害了。

在眞實世界，同樣的過程就稱爲「升級」。在Ziva中心，「升級的人」就是指每天都想進步的人——這些人願意學習、成長、鍛鍊新技能或培養新能力，所以可以有更好的表現、貢獻和成就。

我發現你偷翻白眼囉。**艾蜜莉，少來了，這不就是另外一種自我成長嗎？只是說法比較漂亮而已。**不。升級不只是讓自己進步，還會改善你的**生活**——而且不只是你的生活，還包括了周遭眾人的生活。如俗話說的「水漲船高」，當你的人生水位高了，你周遭的人也會受惠，因爲你的產能、見識、智慧、信心和同理心都增加了。他們因而受到鼓舞，獲得動能，讓他們的人生也升級。

我是說，誰不想要人生升級以後的好處呢？不管做什麼都更得心應手，而且還變成一個更好的人？**嗯，要，我要兩份，謝謝**。但升級可不是碰運氣，你必須練基本功。升級也不會**忽然發生**，你必須投資自己，才能獲得報酬。**升級不是憑運氣，而是你的選擇**。當我說到「升級的人」，我指的不是那些湊巧成功的人（我們應該都認識一、兩個這樣的人）。我指的是那些刻意而且積極提升表現，不斷過關的人。升級的人不追求短期目標，他們致力於提升身體、心智、人際關係的品質，用更美好的方式和世界互動。

這正是我如此大力提倡正念、靜心和顯化的原因。這些心智技巧，可以讓你用最少的付出取得最多的收穫。據我所知，沒有其他方法比Z技巧更輕鬆了。若你想升級你的人生，並享受升級後爲你和身旁每個人帶來的各種好處，你就得下工夫並打破一些舊模式。習慣必須經得起定期檢視，才能確保我們的生活模式能符合我們的目標、信念，以及輕重緩急。

在不同領域裡的成功人士都有一個共同點：他們爲了持續進步，願意調整自己。你可以留在原地，故步自封，只想著有一天你的處境會爲你改變；你也可以開始進行一些微小但意義重大的變化——先從調整自己的日常作息開始。漸漸地，你會發覺你的想法、看世界的方式、做人處事的態度，都開始出現了深沉、基礎的變化，愈來愈好。

這終究是你的選擇。然而，就像大家說的：現在不做，一年之後，你會後悔沒有今天就開始改變。

※ 骨子裡的天才

天才物理學家愛因斯坦很懂得在一天之中把握短暫的時間規律休息。藝術家達文西的睡眠模式也異於常人。很多人都知道，達文西不像一般人在晚上睡覺，而是每四小時睡十五或二十分鐘。有時他會睡久一點，但絕對不超過兩小時。

這樣的睡眠模式稱爲多階段睡眠法，是頗爲極端的——甚至有點瘋狂。但是，哲學家亞里斯多德、愛因斯坦、發明家愛迪生與特斯拉，以及畫家達利，都會在一天之內規律地短暫歇息，讓大腦回春、釋放他們原創的概念。據傳愛因斯坦在解不出問題時，他就會「小睡」二十分鐘，然後帶著全新的觀點看問題。這讓我覺得，儘管他沒有用古老印度流傳下來的靜心法，但他以自己的方式進入了**第四意識**。事實上，高瞻遠矚的發明家特斯拉，也在其著作中提到自己很熟悉吠陀知識系統與吠陀蘊藏的智慧。

不，我並不是說這些充滿遠見的人都有規律地靜心。（說不定只是我們不知道。）我也不是說你只要練Z技巧就能參透時空的奧祕。（但若你參透了，請在諾貝爾獎頒獎典禮上提到我們！）我的意思是，歷史記錄了許多傑出的偉人，他們都了解短暫休息以恢復腦力和體力，對創造力是非常重要的。不同凡響的思考模式需要不同凡響的準備。

最近，哈佛醫學院精神病學教授史瑞尼．皮雷（Srini Pillay）建議我們每天都要規畫出一個時段，讓大腦「不專心」，這樣一來，我們需要專心的時候才能專心。他的研究指出，現代生活讓我們的大腦「專注力疲勞」。我認爲Z技巧正是這種休息活動，讓你不必專心思考，讓你暫時從專注力疲勞的現象中解脫，也不像小睡那樣讓人愈睡愈累。

第四章曾提過，在你躺下來休息後的一至十分鐘內，大腦會開始出現大量震盪的腦部活動，稱爲「睡眠紡錘」——腦部活動大爆發，接著心智會慢下來。約二十分鐘後，大腦開始產生θ波，表示大腦完全投入夢境中。靜心雖然和小睡不同，但會形成同樣的腦部活動模式，讓你的身體獲得深層休息，而心智在不進入睡眠的情況下超越了完全清醒的意識狀態。

我覺得多階段睡眠法完全不可行，若你也這樣認爲，你可以試試較不極端的方式。那就是Z技巧美妙之處：可以增加創造力與生產力，解鎖更高成就但不擾亂你的作息，也不會影響你的家人、鄰居、同事或客戶。**靜心讓你不必日夜顛倒就能升級人生**。

我剛才列出來的天才人物，都認同短暫休息的價值。當然，我們無法證實他們的休息模式到底對他們的先知灼見有多大貢獻，但最傑出的思考家都有這種行爲模式，顯然也不只是巧合。

當我們看著這一串名單，很容易會覺得：「**對，但那些人是天才。我是說我可能還算聰明，或至少沒有我姊夫那麼白痴，但我的智商絕對沒有他們那麼高。**」我有好消息：不管你是不是下一個達文西或特斯拉，你的定位與眾不同，你可以用自己的能力、經驗、直覺和想法來影響這個世界。也許，你就是特別擅長某件事。若你想成爲自己眼中的天才，或成就你自己的偉業，最好的方法不就是研究過去這些天才有哪些好習慣，看看是否有值得仿效的地方嗎？

二〇一六年，《生物精神病學期刊》（*Biological Psychiatry Journal*）發表了一份由卡內基美隆大學心理學系與認知神經基礎中心助理教授大衛・克雷斯威爾（J. David Creswell）完成的研究，他們發現靜心能替壓力大的求職者減輕系統性發炎的現象，同時增強他們的注意力，強化心理因素，讓他們在想要達成目標時更能控制自己的行爲。換句話說，靜心改變了人們思考的方式，也影響了大家追求目標的方式，並讓身體更健康。

對那些有高成就又已掌握權威和影響力的人而言，靜心帶來的好處也很多。一個國際研究團隊發現，經過十五分鐘的靜心之後，很多人都能更有信心地做出更完整、健全的商業決策。

無論是Ziva學員的回應或是科學研究，都證實了靜心會改善我們的能力和心智含量，並讓我們有更多原創想法，也更能發揮創意去解決問題。

這是怎麼辦到的？

❊ 洞見與直覺

靜心最顯著的好處我們沒有一直提，因為聽起來很玄：拓展意識。

我知道你打算把書撕爛了，你一定心想：「我都耐心讀到這裡了，結果你現在要跟我講這些荒謬的東西？」我想先花點時間說明什麼是意識，你才不會覺得我是那種開著貨車賣廣藿香的嬉皮。

每個生命都在表達意識，只是程度不同。對我的狗來說，意識拓展了，表示他發現只要有一個人給他零食，就會有另一個人按摩他的肚子——這時他要決定該去找哪個

> **意識**：我們體內的原力，覺知的狀態，尤其是自我察覺的能力。

人才好。沒什麼大道理。但是對人類來說，當我談拓展意識時，我指的是我們會更清楚知道我們在這個世界裡的定位、我們與世界互動的方式。一個人的意識愈廣，就能享受愈多喜悅、安定、沉著與共鳴。意識愈窄，就會愈委屈，感覺愈孤寂。

你的意識有多寬廣，可以從以下三個靜心的指標來觀察：

1. 你能否同時察覺到很多事——也就是說，你能否輕鬆地一心多用。
2. 注意細節的能力。
3. 發現主題的能力。

這三種能力的表現，會直接影響你個人與工作上的成就。例如：你能不能在管理一個專案時，開發新專案或是提出下一個專案？你有沒有辦法在開董事會時，清楚掌握談判中所有的事實資料，又觀察到所有人的情緒張力？若你說可以，你換到角落大辦公室的速度肯定比較快，那些在董事會碰到簡單問題就崩潰的人，升遷速度應該無法比你快。你有沒有辦法一邊開車一邊喝咖啡，同時在導航系統裡輸入足球場的地址，確保後座的孩子和搭便車的朋友都乖乖的，而且還在腦中回想著這星期要完成的任務？

若你辦得到，那你就是其他父母眼中的超級家長。

回想一下，有時你連手上一、兩件事情都做不好，非得鬼吼鬼叫、濺灑咖啡，還會忘記你原本要做的那件很重要的事。當然，若一整天諸事不順，心情鐵定會很糟。但是，若你原本預設的目標就是要輕鬆不費力地同時一心多用，你刪除了無用的壓力，釋放了足夠的大腦空間，那麼你一定能朝著成功前進。

靜心要如何讓你能一心多用？左腦和右腦可以輕鬆有效地溝通時，你就能專注於當下，面對手上的工作，不管過去或未來放了什麼在你手上，你的處理能力都會自然加強。不管你從事哪一行，有效地把意識鏡頭拉回來的能力，都是一個非常有用的技巧。

那明察秋毫的能力呢？爲什麼很重要？用較常見的話來說，這會影響你的直覺。你的本能反應或判斷，會用難以察覺卻又不容否定的方法告訴你要往哪個方向前進，這些直覺可不會憑空出現——那是你的大腦發現了資訊中的小細節，就像提示一樣，指引你往正確的方向前進。

世界上沒有完全一樣的兩件事，沒有一模一樣的人際關係，沒有一模一樣的求職者，沒有一模一樣的點子，沒有一模一樣的客戶提案，甚至連果菜行裡都找不到一模一樣的葡萄柚。人生就是要我們不斷地做決策。如同第七章討論過的，我們愈常靜心，就愈不容易出錯。記得，錯誤來自誤解——我們以爲是這樣，但其實是那樣。當我們忽略了一件事，或因爲欲望的蒙蔽而誤判，就會犯下錯誤。

在職場上，敏銳的直覺可以是成功的關鍵。眞正優秀的領袖似乎都知道何時要賭一把，何時要打安全牌；何時要信任別人說的話，何時要看穿別人說的謊；何時要信任對方，何時要切割。有的人天生直覺敏銳，有的人則要積極培養直覺。不管你是哪一種，用更精準、正確的方式察覺細微差異，永遠都是升級表現時很重要的元素。當你靠靜心獲得內在的滿足感與成就感，你就能撥開欲望的迷霧，看得更清楚，進而常保準確的直覺。

最後，我們來看一下發現主題的能力。我們每天有多清楚身旁工作的主題？主題就是模式，而人群、家庭、組織和宇宙都有模式。觀察其他人的模式比較容易，談論室友或閨蜜的感情生活，人人都是專家。有些朋友就是會在晚上十一點打電話來，向你哭訴這是今年第四次失戀了，或是他們又做了一個很糟糕的人生決定。又或者，你光是坐著就能看出來，你的朋友因爲之前一連串的決定和舉動，導致現在可憐的處境（或掉到更深的坑裡）。

那麼，你能察覺到**自己**的主題嗎？我們有多麼擅長——在不需要諮商或大突破的情況下——發現自己的模式，明白我們做的選擇、採取的行動，以及我們發展的關係或暫停的關係，都有個主題？這項能力對我們個人生活與職場成敗的影響，或許比前兩項大。

當你持續靜心，爲神經系統釋放壓力，強化左右腦平衡，並讓直覺更敏銳，你就會開始感覺到你內心的鏡頭漸漸拉回來，讓你的視角更寬廣，所有小細節現在都同時吵著要你的注意。換句話說，你現在看到的是整片森林，而不只是樹木。當你的意識拓展了，你將更能發現你現在的生活是由哪些模式造成的。這份自知會讓你把時間和注意力放在更有建設性的主題上，不再把精力和資源投入於毀滅性的主題上。

看懂了吧，拓展意識不是要你去宇宙探險或是在樹林中裸體跳舞、天人合一——至少，這本書不是要你用這種方法拓展意識。Z技巧是要協助你在面對職場生活、家庭生活、社交生活與感情生活永遠應接不暇的需求時，有更多察覺體悟，並且更優雅地面對。你會發現你能更有智慧、更有效地處理所有責任。你會更能注意到所有的小提示，讓你朝最好的方向前進，你也更能發現並停止壞模式，同時建立正面的模式。你會擁有兩種鏡頭——廣角和微距——來看世界，這就是終極關鍵，讓你成為最了不起的自己。

※戒除道歉成癮症

在結束這章之前，我想談談靜心讓你的意識拓展之後，你不會再小看自己的能力，而且你會開始讚頌最優秀的自己，不需要愧疚、道歉和害羞。開始靜心之後，你的「值得力」會增加。值得力，就是你相信值得過怎樣的生活。你知道的，人生中我們不是想要什麼就有什麼，而是你相信自己值得什麼就有什麼。隨著時間過去，值得力增加能讓你擺脫道歉成癮症。

值得力：你相信自己值得什麼。

不久前，有個朋友邀我去她家吃飯。她請我帶我最喜歡的酒來搭配她準備的特別晚餐。她一直很想試一份新食譜，而且她覺得我是最適合的白老鼠。

我晚上七點就到了，等不及要嚐嚐朋友用很多愛爲我準備的新料理。她邀請我進門後，開了我帶的酒。那瓶酒價格不斐，不適合隨便暢飲。定時器響了，她端出精心料理的餐點，放在餐桌上，接著立刻說：「對不起，這和我原本想的不一樣。搞不好很難吃。沒關係——很難吃的話請直接跟我說。我不會生氣。反正我也不是眞的廚師。」

我根本還沒機會試吃她這麼努力準備的餐點，她卻已在求我體諒這道菜可能不夠完美了。

我以前也經常如此。我十幾、二十歲時，總是在道歉，有時根本不是我的錯，或者我只是在我爲別人做了什麼事之前先搶著道歉。這種特質常見於酒鬼的小孩身上。我並沒有要刻意強調性別，然而，從我個人經驗和看過幾千名學員之後，我發現女性比男性更容易動不動就道歉。幸好，隨著我練習靜心後不斷成長，我能阻止這種行爲，但我知道我們之中很多人還是有這個嚴重的問題。

當我們創造了一樣東西——不管是替朋友做晚飯、在工作時簡報、出版了自己的回憶錄或成立一間新公司——我們就是顯化了一個原本未顯化的想法。我們踏入了未知的領域，我們會怕受傷，因爲我們把一個原本只是在腦中醞釀的想法化爲眞實，這麼一來，我們的念頭就要接受公評了。這很嚇人，往往會令人不自在，開始質疑自己。我們經常爲自己的作品或選擇道歉，甚至在超市和別人不期而遇時，還會爲自己的存在道歉。

事實是：當我們碰到重要專案、截稿期限或創意挑戰的時候，沒有人會說我們時間很充裕、資源很充足。我不認識任何一個天生就充滿創意的人，或是能夠上臺發表高見時完全不遲疑的人。多數人會一直想搞清楚自己缺了什麼，下次要怎麼進步。這可能會讓你害怕受傷，但不代表你要爲你的努力道歉。所以，若你願意接下挑戰，那麼這項挑戰就是：下次要爲你的作品揭幕時，不要向大家預告這件作品有什麼缺陷，也不要爲此執著。你可能會覺得不夠完美，但其他人或許一點都不這麼想。當你先道歉了，你就是允許大家不贊成你的做法。事實上，說不定他們很喜歡你的作品，你預先批判了，等於在汙辱大家沒有品味、沒有鑑別力。

話說回來，我朋友的菜好吃到翻天，每一口都像天堂美食。她根本用不著擔心，給自己壓力。就算沒那麼好吃，我們也會享受好友相聚歡笑的一晚。好時光就足以抵消任何食物上的缺陷了。我認爲，若她沒有預先道歉要求體諒，食物或許更可口。當我們在呈現自己的作品時就預先批評，我們其實是在侮辱那些喜歡你作品的人。沒禮貌！

我們都知道，對成功而言，最重要的元素就是信心——不管是眞的有信心還是硬撐出來的信心。若一個領導者自己都站不穩，不斷質疑自己的決定和能力，沒有人想要追隨他。我在學靜心時，發現了一種很不同的信心，然後信任我自己。這讓我很快地停止了道歉成癮症。在我學會同時觀照很多事情之後，我更能熟練地完成我的所有責任；如此一來，我更清楚自己的能力，知道自己的斤兩。

當我學著信任直覺，我發現我每天都對自己的選擇更有信心。愈擅長發現自己和別人的模式之後，我發覺我的洞察力和創造力都提高了，因爲我可以找到新的解決方式、提出新想法，讓我的生活和職業朝著讓我能發揮更多影響力的方向前進。

這個態度還有另一個層面，就是打破你「**盡力試試**」的癮頭。《星際大戰》電影裡，尤達大師有句名言：「要做就放膽做，做不來就大方承認，不要說你會盡力試試。」

盡力試試表示你企圖完成一件事。你在盡力試試會不會成功嗎？你在盡力試試能不能瘦身嗎？你在盡力存錢嗎？你在盡力靜心嗎？若你說是，恭喜！你辦到了。你很成功地在盡力嘗試。

問題是，嘗試還不夠。一棵樹不會試著茁壯，長就是了。一朵花不是試著綻放，開花就是了。不要試，**去做**。

我們從沒聽過很厲害的大咖說：「我在嘗試。」他們只會說：「我在做這件事。」歐普拉從未說過她要試著開設一個電視臺。她就是成立了一家電視臺。你要麼去做，要麼不去做。「盡力試試」只是給自己一個虛假、危險的臺階，讓你留在原地。

我說的不是懶散——正好相反。努力很重要，是必須的。每天都要追隨你心中的渴望，**採取行動**完成目標。只是，沒有人想看你很**費力地**工作，每個人都想看到你以輕鬆、自信、說到做到的態度完成任務。我們都希望自己是因爲熱愛工作而工作，熱愛創作而創作。熟能生巧、樂在其中是爲了讓自己不費力，不覺得很疲累。靜心也一樣。你每天安排好時間，就能勇敢地走過情緒排毒的不適，就能每天乖乖地靜心兩次。當你這麼做，你在靜心時，就不會覺得辛苦。

每天持續靜心兩次，你就會對大腦的觀察力和執行力更有信心，而這些能力來自你的觀察、判斷、教育、準備和經驗。你擁有你需要的一切能力來實踐目標。多數人花了許多時間鍛鍊「盡力試試」的心態，是因爲有了這道臺階，就可以在失敗或結果不理想時，順利退場。拆了這臺階吧。踏出去，帶著信心與優雅採取行動。你可能會失敗，但依然要放手去做。

當你戒除了道歉成癮症，脫離了「盡力試試」的陷阱，你就會看到最棒的自己。最理想的情況是，我們充滿熱情地執行手上的任務，並且竭盡所能及所知去完成。我們要如何平和地接納這種思維的大轉變？第一步，安排時間固定讓自己每天靜心兩次。這會讓你自在輕鬆地信任自己，認知能力也會與日俱增。

睜眼練習

戒除道歉成癮症

很多人都有不同程度的道歉成癮症，從在路上被人推擠時無心地說出「不好意思」，到呈現工作成果時幫自己找臺階下，表現方式各異。因此，我要給你的挑戰就是：

一整個星期都不准自己道歉。你可以寫在日記裡，或用手機記錄，看看你每天有多少次會在不必道歉時道歉，最後再統計一下一週之內，你到底無謂地道歉了幾次。

行家傳授祕訣：不要變成惡夢般的人物。若你真的誤會別人了，或是傷害了別人，或是在真的需要道歉的場合，那就請對方原諒你吧。我是要你記錄自己一週之內心不在焉地責備了自己幾次，有多少次其實不是你的錯，你卻道歉了。觀察你這週沒有動不動就道歉之後，你的自我感覺有沒有變化，然後你可以決定是否延長這場挑戰。

☑ 案例 6

工作更少，成就更多

不動產仲介 克莉絲蒂．歐羅斯

開始練習 Ziva 靜心的契機，是我聽聞艾蜜莉有一堂很難報名的課，專為高成就人士設計。我覺得這就是我必須學的技巧，還有我想求教的老師。

我想擺脫壓力、焦慮感和中度憂鬱症，這是遺傳以及全職投入不動產仲介業的結果。接觸Ziva靜心之前，我每週工作六十至七十小時，依季節不同。我已經油盡燈枯了，這種形容還算輕描淡寫。當你覺得老是整天和工作綁在一起時，你的生活會受影響：你開始覺得社交活動很煩人，因為這些活動害你無法工作；你把壓力遷怒在那些不會離開你的人身上；你靠腎上腺素撐著把工作做完，但相繼而來的是憂鬱症；只要是和工作無關的事情，你都放棄了；就算難得休息，你也是賴在床上，半睡半醒地連續躺十二小時，看能不能「充電」。

所以……沒錯，我需要協助。

我服用中度抗憂鬱症藥物已經三年，我覺得光是壓下症狀並沒有解決問題。我需要從內在尋求解決之道，做點改變。不要吃藥了，開始靜心吧。

我上了Ziva靜心課，至今每日靜心兩次的習慣已維持兩年。艾蜜莉的工作室有一句話：「壓力更少，成就更多」。我一直都是個不容易相信別人的人，看到這句話時心想：真的假的？少來了！我很喜歡正念、靜心、顯化那一套，但是這句話有點太牽強了。七個月之後，就在佛羅里達州不動產交易的旺季，我發現我一週才工作四十五小時。剛開始我很慌，心裡想著，我是不是被淘汰了？為什麼我沒有一直工作？我聽另一個仲介說她那個週末就工作了二十小時，但我才花六小時。我是不是下個月就要喝西北風了，因為我工作沒她認真？接著我看看我的報表——我得檢查兩次才相信眼前的一切！

靜心後的六個月之內，我賣掉的房子比前一年的總數還多，而且我每天還能有時間靜心兩次，每次十五分鐘。沒錯——我工作更少，成就更多了。我的睡眠品質也有極大改善，已有好幾個月沒有感覺到憂鬱症的烏雲籠罩著自己。我甚至發現自己更常傾聽別人說話，較少高談闊論了。

你的改變或許和我的很類似，或許很不同，但我保證你會發現這過程是值得的，將影響很多層面。

☑ 案例 7

從優秀到傑出

暢銷書作家、健康顧問 亞里・惠登

我開始練習Ziva靜心時，生活並不糟，事實上還很美好。我的生意蒸蒸日上，我的伴侶是神隊友，我們還有個可愛的一歲兒子。

但也不是每個方面都很完美。為了經營公司，創業時每天都在工作，沒有休假，再加上我成了新手爸爸，生活很忙亂。工作非常多，卻時常被打斷——小嬰兒讓我們睡眠不足。專案愈堆愈多，但我根本沒那麼多時間，我終於覺得快撐不住了。

我的腦子轉個不停，想掌握每項工作的進度，導致我無時無刻處在低度壓力和焦慮感下，讓我更難完成工作，也逐漸失去動力；我也無法放鬆或享受家庭時光，連衝浪或攀岩的時候都感覺自己不在當下。

晚上我不知道如何讓大腦關機，所以睡不好。我的身體一直很緊繃，總是這裡疼、那裡痛。壓力開始消耗我的精力，造成認知表現退化，我失去動力，運動時的體能表現也大不如前。這成了惡性循環。

就在這循環中，我發覺我逐漸失去專注與放鬆的能力——我無法享受當下、開懷大笑或投入遊戲。所以，我決定再度開始靜心。我會說「再度」，是因為我在創業前曾經嘗試過幾種深奧難解的靜心，但都不持久，也沒養成習慣。

後來，我在一場會議中遇到艾蜜莉，她帶著與會群眾進行靜心。我心想，哇，她真厲害！我也想學這種靜心。

八個月前，我開始上她的課，我真的很高興自己報名了。我體會到深層的放鬆，所有事物都平靜了下來，隨著一天過去，累積的不是緊張感和焦慮感，這些感覺都被清光了，我一整天都感覺自己很放鬆、活力滿點。

我面對的需求都沒變。唯一改變的是我的大腦，還有我處理龐雜需求的能力。

你在壓力高築、精神低落、缺乏動力、焦慮暴躁時還是可以過生活，把該做的事情都做完。但你也可以在輕鬆、真誠、喜悅甚至充滿玩與的狀態下，完成所有工作。

我在第一種狀態生活了很多年。現在，幸好有Ziva靜心，我已經安居在第二種狀態裡了，我覺得很棒！

這一切都是因為Ziva靜心的三大元素，就好像白板每天會擦兩次一樣。一擦去壓力，你就回到了放鬆的美好狀態。

我現在能完成的工作比以前多。我和家人相處的時候更輕鬆，更能享受當下，睡眠品質極佳，衝浪和攀岩的表現比以往都更好。（我以前從來不像現在，可以毫無畏懼並發揮最佳表現。）最重要的是，我一整天都能笑口常開。

Z技巧真的改變了我的大腦，若我們在練習前後做腦部電腦斷層掃描，我相信一定能證實靜心改變了我的大腦。這輩子接下來的每一天，我都會每天練習兩次。

11 親密關係和性生活的提升

一旦人們知道靜心時不必「淨空思緒」，知道可以有雜念，就會誤以爲靜心時浮現的念頭應該是純淨無暇、充滿喜樂與光明的。因此，大部分人都不會談到靜心帶來的一大收穫：更美好的性生活。

乍聽之下，本書既然是設計給高成就人士，在書中專闢一章談靜心如何讓你在性愛上表現更好，似乎不太切合主題，畢竟床上表現應該和你的業績無關。不過，你是否曾覺得自己的性生活很無趣？若是這樣，好像連日常生活都顯得有點無聊，不是嗎？另一方面，若你前一晚搖翻了他的世界（你自己也情馳心暢），隔天是不是連走路都有風，而且不管做什麼都更有信心？我說的就是這個。

你在臥室裡的表現升級之後，你在會議室裡的表現也會升級。（況且，高成就人士總是有點好勝，希望**不管做什麼**都表現得很好。）如同人們說的，你做任何事的態度，就是你做所有事的態度。所以，我們來談談靜心如何讓你的性愛表現升級吧。

靜心似乎不太可能會創造性福，可是Z技巧在臥室裡的貢獻，絕對遠遠勝過威而鋼。長久以來，靜心總是讓人聯想到僧侶的禁欲生活，因此我們花了很長的時間，才終於談到靜心對性生活的影響。（再提醒一次，這絕對不是給僧侶的靜心法）。

※顯而易見的重點

有位紐約市的律師為了解決焦慮症而來到Ziva中心。他在展開Ziva靜心一年後參加的一場團體靜心中說：「有一次，妳開玩笑說靜心會提升性能力。我的體驗根本只能用瘋狂來形容。這似乎不是靜心者會說的話，但我的性生活現在妙不可言。」他在描述這股前所未有的高超性能力時，用了不少形容詞，我最印象深刻的是：**淋漓盡致、盡情發揮猛獸本能、超越想像**。他表示，自從開始上課後，第一週就發現自己做愛可以持續很久，更能控制他的高潮；他不但有更多精力，性欲也更強了。

另外一名學員也證實，她在連續一週規律地每天靜心兩次之後，**每次**做愛都會高潮——她還沒來Ziva之前可不是這樣。

當然，這些情況下，靜心不是唯一的要素——畢竟要兩個人才能共舞——但根據Ziva畢業生的回報，這些經歷很普遍。

爲什麼Ziva靜心的三大元素會讓你在性愛上進步？我們多數人都壓力爆表，無論是來自工作的壓力、感情的壓力、金錢的壓力，或是你肩負了許多責任。壓力累積在腦子裡，導致我們和身體沒那麼親密。我們往往忙著回顧過去或規畫未來，無法把握當下。食材不夠好，就無法炒出香豔刺激的性生活。除了繁忙的生活之外，壓力造成皮質醇與腎上腺素增加，更降低了性欲、拖垮了表現。性創傷可能也免不了關係。記得，我們該問的不是「靜心怎麼可以帶來這麼多好處」而是「壓力怎麼可以把我們搞得這麼糟」。

1. 獲得深度的休息，有更多精力留給性生活

多少次，你用「太累了」當作藉口來拒絕對方？這麼做的人不只你一個，許多伴侶做愛的次數比他們想要的更少，常見的原因就是疲勞。根據美國全國睡眠基金會近期的調查，在美國，每四對已婚或同居的伴侶中，

就有一對表示因爲睡眠不足而累到無法開機。筋疲力竭時眞的很難挑起性欲，不幸的是，很多人在經歷繁忙的一天之後，最不想要的就是上床做愛翻天覆地消耗體力。

但請記得，靜心會緩和神經系統，讓身體獲得比睡眠更深沉的休息；如此一來，你在靜心結束後會感覺更清醒。或許你下班後正需要這股全新的活力來展開激情的夜晚。不要再拿頭痛當藉口了。當你休息得更充分，就會感覺更好，當你感覺良好，你的身體就更願意、更能隨時做好準備。（加碼：若你忙起來就會偏頭痛，Ziva學員中有九〇%的成功案例都能靠靜心擊敗偏頭痛。）

2. 靜心能消除壓力，進而增強表現

你的新習慣可以幫上很多忙，不只是讓你在事前提高性致而已；在過程中也會給你助力。靜心能強化身心之間的連結，讓你強化身體感受，以及每一個片刻的感知。當你能透過五感來體驗這個世界，而不只是透過

大腦，你就能接受所有感官的知覺——這在性行為過程中很有用。這也是為什麼你應該下定決心每天都規畫時間來練習Z技巧，尤其是正念練習。「好好感受」的練習能幫上大忙。

緩和神經系統，也會幫你放鬆大腦和身體，讓你更容易撩起性致。從盤古開天闢地以來，所有文明都有某種求偶儀式：像是一頓浪漫的晚餐搭配香檳、生蠔、巧克力和音樂，就能讓你放鬆下來，準備好做愛的心情。你在性愛上愈輕鬆，就愈享受，愈可能達到高潮。

這是認真的——皮質醇濃度提高後，女性可能完全無法高潮！根據一份近期研究，女性體內的皮質醇若過高，就會導致無法高潮。想想：你在壓力如山一般大的時候，能喚醒性欲嗎？大概沒辦法。男生也逃不了壓力的殘害。根據雷希診所（Lahey Clinic）勃起功能障礙專家尼爾森．班奈特醫師表示，「壓力、畏懼、焦慮、擔憂和挫折感，都會讓身體釋放腎上腺素，進而收縮血管，造成勃起障礙。」

靜心讓你脫離了「戰鬥或逃命」的模式，進入「留下來好好玩」的模式。開始靜心後的幾天，腎上腺素和皮質醇的濃度會大幅下降。靜心結合正念與顯化，會幫助大腦自然地產生更多極樂賀爾蒙，也就是多巴胺和血清素，即使是當你並不在靜心當下，也會不斷地分泌。這些極樂賀爾蒙會留在身體裡，提振你的性致，甚至提升高潮的強度。

靜心還能強化你和對方之間的默契——假設你享受「寵愛自己的時光」，靜心也能增強你和自己身體間的默契。今天的工作表現或明天要處理的事情，都不會讓你分心，你更享受當下。此外，靜心也會增加鏡像神經元的功能，表示你更能察覺對方的感受。這些好處讓你成爲一個直覺更敏銳且更會爲對方著想的情人。

3. 不分心，更投入

多數人都是左腦過度發達，你知道的，左腦要負責回顧過去、規畫未來。這會讓我們一直困在「放不下過去、展不開未來」的思路循環裡，讓我們無法完全地活在當下。然而，高潮只能在當下體驗。

右腦負責當下的知覺，靜心就是帶你的右腦去健身房。我們每天靜心的習慣維持得愈久，神經可塑性和連結性就愈高，更能平衡左右腦。因此，知覺、專注力和大腦的運算功能都會提升！你若手頭上任務很多，可能要多練幾回。沒有人喜歡心不在焉的床伴。你完全投入的時候，兩個人的體驗都會更好。

4. 別再期待你的伴侶讓你更完整

「有了你，我才完整。」這可能是好萊塢創造過毀滅性最強大的一句話。沒有人能讓你完整。我們已在「等待幸福」症候群的章節學到了，沒有任何情人、工作、學歷或銀行存款數字能讓你完整。Z技巧令你性生活更美滿的方式，是協助你從內在獲得圓滿的感受。這當然是任何情感關係成功的關鍵，也能讓你和自己相處得更好。

當你從內在獲得幸福，就不會想依賴他人讓你更完整。（再說，怕孤單、怕沒人愛的個性一點也不吸引人。）當你從內在獲得圓滿與極樂，你就能百分之百投入一段感情，讓你成為更好的情人。若你只能投入八〇%，這段感情就必須填補你的空虛，而無法讓你多投入那二〇%。想想看，若你不需要靠感情來填補空虛，這段感情會有多愉快？

5. 對方可能覺得你會通靈

你可能沒聽過「鏡像神經元」，它到底是什麼呢？科學家曾說，鏡像神經元為心理學所解開的祕密，就像DNA為生物學解開的祕密一樣多。你可以把鏡像神經元想像成迴力鏢，從你的大腦擲出去，到情人那裡和他的鏡像神經元一起跳支舞，再飛回來。鏡像神經元讓你可以「憑直覺」知道對方的感受。因為有鏡像神經元，所以你看到別人受傷時會皺眉，看到別人對你笑時你也會自動微笑。正是因為鏡像神經元，色情影片產業才會有數百億元的產值。看著別人被取悅，就能在你的腦中產生愉悅感。鏡像神經元在生理結構上就是同理心的基礎。

聽好了：靜心會在大腦中產生新的突觸和神經路徑，也會增強鏡像神經元的功能。這將幫助你在看到對方享受性愛時，自己感到更歡愉，自然而然地，你就能成爲直覺更敏銳且更貼心的情人了。

※靜心就是前戲

精采的來了：你可以把Z技巧的元素整合到前戲裡，這樣一來，你就不會煩惱著明天要交的報告，或是擔心哪裡不如意，然後你就能進入最佳狀態。

還記得你在正念的部分學到「好好感受」的練習嗎？這是另一個可以應用這項工具的場合，讓你充分地、徹底地投入當下。

不管是在浴室裡、約會前，或是在布置空間時，只要深深吸幾口氣到腹部，一一檢視自己的感官：聽覺、觸覺、視覺、味覺、嗅覺，然後同時接受五感。讓自己完整地體會到身而爲人是多麼美好、多麼不可思議。你愈常進行這個儀式，做起來就愈輕鬆自然，包括你在刷牙時、摺床單時，以及穿上（或脫下）性感內衣時，你都能完成。畢竟，最棒的性生活就是要讓你所有感官都得到滿足。（這就是「感官享受」的定義——讓你所有的感官都很享受。）

你很快地一一點名所有知覺，最後集中五感之後，這時負責邏輯的左腦就會準備好坐下來，繫上安全帶，準備要急速狂飆了。

※創造力與性能量

好，艾蜜莉，我很喜歡這些性愛祕訣，可是我當初買這本書是爲了讓我的職涯一飛沖天。好啦，我知道，你很掃興呢。我們把主題拉回最務實的方面吧——你這股全新的性能量，如何讓你在臥室和會議室裡都充滿創意和創新力。

你是否想過，爲什麼泰勒絲、愛黛兒和幾乎每一位鄉村歌手巨星，都在心碎之後寫出了暢銷金曲？那是因爲創造力和性能力根本是一樣的東西。你有沒有在分手之後開始運動？你有沒有在分手之後嘗試寫詩、畫畫，或報名烹飪課？性能量與創意都需要出口，一段感情結束時，性能量需要用其他方式宣洩，可能是寫歌、寫詩或重新粉刷房間。這點很重要，因爲這股閒置的性能量若沒有轉化成創造力，就會變成破壞力（例如週末狂歡、徹夜追劇或線上購物刷爆信用卡）。

當然，性可以駕馭這股創造力，聽起來好像沒幫助，尤其是你想在職場上創新的時候——但那只是暫時的。想一想，床上的表現變好之後可以增加性能量（我們擅長的事就會繼續做下去，對吧？），表示性生活升級之後，你在職場上的生產力也會升級。不過，我要提醒讀者，性能量和創造力都是一股能量，必須小心運用。如此強大的能量，或許不該百分之百用於性生活，也不該百分之百投入於工作上，兩種都不健康。（只會工作不會玩，鮮肉也會變宅男，對吧？）這股能量要如何平衡，端看你目前生活的比重。

但我也有好消息：這兩股能量都屬於可再生資源——每次用完都可以補好、補滿。當你發覺自己在一段互動良好的關係裡，性生活也很美滿時，你對自己其他能力的信心也會增加。當你的職場表現亮眼，就可能會覺得自己在生活的所有方面都有更多精力，包括性欲。畢竟，和事業成功、簽下新客戶或升遷一樣會讓你想「慶祝」的大事不多。找到工作與玩樂之間的和諧，可以讓信心和能力向上循環，帶來豐厚的收穫！

正念和滿意的性生活之間最重要的連結，在於正念讓我們活在當下——表示你可以享受每個片刻，不會把性當成一項工作，還要用結果來衡量表現。你繼續帶大腦上健身房，並且多鍛鍊右腦，你就會發現活在當下的好處開始滲透到生活的每一個角落……包括臥室。

活在當下不表示你永遠只活在那一刻，不需要負長遠的責任；活在當下的意思是，你不會讓壓力主宰你的生活，也不會讓壓力定義你的經驗——你的職業、個人目標、情感關係和性生活，都不受壓力影響。

想一下最性感的人。這個人有什麼特質？他是不是充滿信心、幽默感和聰明才智？他是不是體格很好（不管你覺得怎樣算好）？他們和你說話的時候，是不是讓你覺得地球上只有你一人？

你知道這名單上不會有誰嗎？就是那種容易大驚小怪、小題大作、狼狽、邋遢、氣色糟糕、沒志氣或看起來病懨懨的人。**壓力不性感**，壓力對我們的大腦和身體造成的影響也不性感。但是，思路活絡、身體健康的人——無論是擁有強壯肌肉、柔軟曲線或好抱好摸的肉墊——就是我們天生在求偶時會受到吸引的特質。反過來說，健康、機智、信心也是我們希望自己擁有的特質。我們有自信，覺得自己很性感時，就會是比較好的情人。你希望別人覺得你很有魅力、很迷人、充滿活力、精神充沛嗎？開始練習吧！把會破壞身心健康的壞習慣，轉化爲讓生活多姿多彩的好習慣。這就是Z技巧能帶給你的轉變。這很性感。會讓你想閉上眼立刻開始，對不對？

☑ 案例8

凡事都有第一次

匿名

我一直希望在私密生活中，能夠很清楚自己的身體感受，我也從不羞於向伴侶表達我的需要。話雖如此，我開始有性生活的那六年內，從未感受過性高潮。不但沒有，簡直差遠了。但是，除了沒有高潮之外，我的性生活還算愉快，因此我以為自己是那種「不會有高潮的人」。我有幾個朋友的狀況和我類似。我幾乎就要放棄體內高潮了。光寫下這句話，我的臉就要皺起來。

後來，我開始上Ziva靜心。聽到艾蜜莉說靜心能助性的時候，我沒當一回事。靜心對我而言，較偏重於釋放壓力、提升認知表現，我並不曉得其實一切都相關。我以為練習靜心之後，頂多高潮會比較強烈、歡愉——不一定是比較多次或是有不一樣的高潮。我當時沒有對象，所以沒放在心上。（我在職場上完全沒人追。接下來就不用說了。）

練習幾個月之後，我有了一個交往對象。很快地，我注意到我的體外高潮比過去更強烈，儘管我本來期望並不高。後來，有一天做愛，我毫無防備的時候就高潮了！我還立刻停下來說：「哇……這感覺好奇怪。」並且向對方解釋這是我第一次有這種體驗。他當然信心大振，但其實我才知道背後真正的原因！

在那之後，從體內刺激就得到高潮的情況愈來愈頻繁。我也發現，當我沒那麼認真每天靜心的時候，就較不易達到高潮。

老實說，這後來成了我每天都會靜心兩次的主要動力。（誰不想要有更多高潮？）只要我能放鬆並享受當下，就很確定能有高潮。

這也成了我鼓勵朋友靜心時最大的賣點。我有幾個朋友也覺得自己是「不會高潮的人」，當我告訴他們這件事時，他們都很振奮，有一個還因此報名了Ziva線上課程，艾蜜莉在群組裡問她為什麼來上課時，她回答：「我是為了高潮來的！」

瞬眼練習

交心

這項練習，是要建立你和伴侶之間的聯繫，創造出願意付出和坦誠的感覺，自然會讓你們更親密、更靠近。此練習對多數伴侶來說，可能有點不合常理，建議先問問對方的意見。你可以問：「嘿，你想不想試一種新的方式？我最近才發現這可以提升我們的性生活。」若對方同意了，就按照以下的步驟進行。

面對面，把你的右手放在他的心口，也請他把他的右手放在你的心口。兩個人都把自己的左手放上心口，看著對方的雙眼。這可能會讓人有點不自在，但就算會緊張或是發笑，也要繼續注視著對方的雙眼。這種尷尬的感覺過去之後（我保證一定會過），請對方說出心中最大的夢想或目標，然後說說你的。

花兩、三分鐘想像對方的夢想現在就實現了。想像他在實踐夢想的時候有多少潛力、多少信心、多麼性感。自己練習顯化的時候威力強大，為對方練習時，威力更大。

想像著你駕馭這股夢想的能量，像一份禮物一樣交給對方。深呼吸，吐氣的時候，想像你的氣息為對方的夢想充氣，也為他灌注了愛。現在，角色互換，敞開心胸接受對方為你充氣。輪流付出和接納。過程中都要注視著對方的雙眼。若可以，多看看他的左眼，請他也多看看你的左眼。

兩、三分鐘之後，或是感覺到這活動自然結束時，謝謝你的伴侶。若你想的話，可以互相擁抱，用這種過去沒有體會過的親密感和體貼感讓你們繼續互動。

12

靜心爲生命帶來的餘裕

我的學生華倫，在上了幾個月的課之後，某天在地鐵站準備前往機場。他扛了許多行李——三件最大號的行李箱、一個登機箱，再加一個帆布袋，他得靠超人般的神力，才能把這些行李統統舉起來通過地鐵閘門。他一路奮鬥到了機場線，才發現自己不但行李多得誇張，手上那張交通卡還刷不過。他站在閘門前，一次又一次徒勞無功地刷著同一張交通卡，身後排了二十幾個不耐煩的通勤族，這時他才恍然大悟，原來餘額不足，但他就快趕不上飛機了。若要加值，機器在地鐵站的另一頭，表示他要拖著所有行李，在連通道穿越十幾道旋轉柵門，而且每一道門都要排隊。這根本是旅行途中最恐怖的夢魘。

依照華倫原本的慣性反應，他會先咒罵一番，狠踢閘門一腳，或氣餒地鬼吼鬼叫。這一次，他卻深呼吸，笑這一切荒唐。他往旁邊一踏，盡量挪開行李不影響其他乘客移動，試著冷靜下來，想想他要用什麼策略穿越這人潮擁擠的車站才好。這就是順勢而為，很簡單。這不是他願意的，但一轉念，就大幅地改變了他接下來的遭遇。

華倫還沒有時間想清楚要怎麼在車站裡移動，後面就有個人看到了他的難處，友善地說：「嘿，要不要我幫你刷過去？」然後，很快地，對方用自己的交通卡開啓了閘門，讓華倫和他的行李都能通過。

後來華倫說起這件事，他說他相當訝異自己在這種處境下，能有和過去非常不同、非常沉著的反應。還沒開始規律靜心前的他，會立刻用光那天的適應能量，接下來很可能會錯過那班飛機，浪費了幾千美元的機票、旅館和各種行程。他也沒想到會有陌生人如此友善，願意用自己的交通卡幫他突破重圍。「我覺得我要是在那兒咆哮或發怒，他應該不會幫我。」華倫說，「因為我很沉著，他才願意幫忙。」

刺激和反應之間的落差——因為壓力減少了，讓你多出那電光火石的一秒可以決定如何回應眼前的狀況——會影響你一整天的方向，也會影響身旁的人，甚至影響你身為團隊領導人的效能與聲望。你能暫停下來、妥善思考、斟酌反應的方式，而不會立刻啓動「戰鬥或逃跑」模式；這就表示你擁有足夠的恢復力和領導力。每次面對高需求狀況時，你都可以選擇：你要當受害者，還是要應勢而起？

※壯烈犧牲或應勢而起？

你會不會常常進入殉難烈士的角色裡？我這麼問並非要諷刺誰或責怪誰。若你的答案是會，那我有好消息：資源不足的情況下，你才會壯烈犧牲。現在，你每天有兩次補充精神和活力的機會，不會資源不足。當我們覺得壓力很大，就像烈士一樣時，我們不會「選擇」啓動戰鬥或逃跑的模式，你**沒得選**，那是身體不由自主的反應，是長久以來為了從虎口逃生所演化而來的本能。既然我們現在碰到的要求和老虎無關，我們就要培養每天釋放壓力的習慣，並且取用源源不絕的創意，才能自由地選擇如何回應需求。

恢復力：從困境中迅速恢復的能力。你的恢復力愈高，就有愈多自由可以選擇要如何面對眼前的狀況。

我不是說你永遠都不會有壓力——有時壓力是正確的反應，而且壓力可以讓你活下去。記得，有壓力不是壞事，但一直處在壓力下就很糟糕了。規律地靜心幾個月之後，你會開始有能力選擇如何因應需求——戰鬥或逃跑的模式眞的適合眼前的處境嗎？還是應該進入當下，用不同的方式來和環境互動？每天自律地練習，你就能管理壓力，而不是被壓力管理。

當你每天靜心兩次，你就是訓練自己在預設狀態下就能獲得右腦的直覺，並且察覺當下。你愈鍛鍊右腦，讓左右腦平衡協作，你就會發現自己在高壓環境下更冷靜、更謹慎。原因很簡單：當你有能力真正在高需求情境中感受當下，你就能更清楚地看出這一刻要採取什麼行動……還有這一刻……以及這一刻。

假設狀況還不明朗，可能有五種結局，你的心不會立刻衝到其中一條路，往前想著接下來八步要怎麼走，你也不會一直懊惱上一步要是怎麼走就不會卡關。你能放下虛妄的控制欲，看著眼前最理想的下一步，好好解決問題。當然，策略思考需要時間和空間，但只有在你評估眼前的狀況後決定要啓動或關閉攻逃模式，你才有足夠的時間和空間。我們可以靠這個方式避免一天要把自己當作委屈的受害者幾十次，不停地怪別人或環境，而不承擔起責任、培養恢復力。

想像一下，你開車去上班，卻有人超車，讓你的壓力賀爾蒙開始大量分泌。你有幾種選擇：

- 你可以花點時間深呼吸，創造出刺激與反應之間的落差，然後發現自己沒有在崩潰邊緣。如此一來，你就能關閉本能要自動開啓的攻逃模式，讓那輛車走在你前面。
- 你可以按喇叭，朝那個駕駛比中指，開啓他的攻逃模式，這樣他就會猛踩油門，撞上你的保險桿。你想忽然轉向，不要在他前面，但沒注意到這裡的速限，不小心超速了，而警察就在路邊。接著，你被攔下來領罰單，另一個駕駛哈哈大笑，揚長而去。

那個（看似短暫）的當下讓你損失了你多少錢、多少維修費、多少上訴費、還有多少面子？根據壓力做出反應，朝對方比中指，眞的値得嗎？就算最後你的保險桿沒有受損，你也沒有被開罰單，比了中指又解決了什麼問題呢？回想起來，你兩隻手都握著方向盤，雙眼直視道路，心思留意著速限標示，會不會比較好呢？或許，聽精采的廣播更好？

問題是，我們都知道自己應該怎麼做：多吃蔬菜、每天運動、不熬夜、偶爾打電話陪媽媽聊天。這些都不難，但多數人都沒在做。爲什麼？因爲我們不按道理行事，我們是依照神經系統裡累積的壓力値在過生活。

這些都是老生常談，我也沒打算教你怎麼做。我只是想鼓勵你每天規律地爲自己完成該做的事。這就是靜心的功能：壓力像烏雲籠罩著你的心思，增加你的身體負擔，而靜心可以幫你擺脫壓力。靜心讓你更輕易地帶出理想的自己，那個人本來就已存在你的身體裡了。記得，靜心就像替你的大腦硬體升級，以便執行你原本的各種軟體——基督教、猶太教、伊斯蘭教、佛教或印度教，都可以更有效地在優化過的腦部機器上運作。這也難怪許多不同產業、不同信仰的高成就分子，都會靜心。

※天生的領袖

想想你這輩子碰過最糟糕的老闆，再想想最好的老闆。無論你在哪個產業，這兩位老闆的差異，其實在於他們是否有能力掌握自己。一個長年處在壓力下、陰晴莫測、計畫不周、工作沒有動力、無法啓發同事，也很難得到啓發的老闆，就像一顆隨時會引爆的炸彈。這樣的人往往讓環境決定他們的表現，不管他的職稱是什麼，他都不會是領導者。相對地，一個沉著、穩定，在壓力下也能淡然處之的人，可以在迫切的時候清楚思考，保有敏銳的直覺，並且和壓力維持健康的關係，這樣的人你才會信任他，你知道他罩得住，而且他心中一直想著怎麼做對團隊最好。

你想跟隨哪種人？想僱用哪種人？想跟哪種人合作？想投票給哪種人？想跟哪種人結婚？更重要的是，你想變成哪種人？

紀錄片《金與安迪》（*Jim & Andy*），記錄了金凱瑞在電影《月亮上的男人》飾演已逝喜劇演員安迪·考夫曼時的片場側拍。金凱瑞在紀錄片中，談到他早期從事單人脫口秀的經驗。剛開始時，他只是想和觀眾有多一點互動，卻發現幾乎每晚都座無虛席。一開場，他會和觀眾聊天，問問他們的背景或那天過得如何，接著他會等觀眾投入才往下繼續。如此一來，觀眾就會覺得表演好不好看也是他們的責任。

最後，有一天，金凱瑞問了同樣的問題，他沒等觀眾回應就自己說了：「那好吧！」（**Aaaaallllllrriighty then!**）然後回答了自己的問題。這句「那好吧！」引起全場哄堂大笑，後來變成他的招牌。他當下發現，他的角色是要娛樂觀眾，不該讓觀眾覺得自己也得表演，那不是觀眾的責任。

他的工作是要讓觀眾知道他在主導這場秀。他把責任攬回自己身上以後，觀眾馬上就能放鬆享受表演。無論你對金凱瑞的喜劇評價如何，他的心得對你我都很重要：領導者能贏得團隊信任時，就能更有效地帶領團隊，並在所有情境下都散發出自在的光芒，讓每個人覺得輕鬆自在。

我想，我們都認同控制狂或只顧自己說話不聽別人意見的人，大概不是個好領袖，但這份觀察還有另一層深意。當你能讓自己冷靜、散發信心，在事與願違的情況下依然踏著穩健的步伐前進時，你自然會吸引別人跟隨，因爲你散發的自信會讓他們覺得安心，他們知道在你身邊可以不慌不忙。大自然裡，狗群中的領袖即是靠牠的氣質，而不是蠻力，所以優秀的馴犬師都會建議人類用同樣的策略來和狗互動，維持健康的關係。若一個人有冷靜、信心的能量，他會自然地散發吸引力，尤其在不明朗或混亂的局勢中。無論你的角色是執行長、家長、老師或是經理、主管，當你從容地走進你的影響範圍，而不是以受害者楚楚可憐的姿態，你將散發出一股氣質，讓身邊的人知道你是什麼樣的人，你可以當什麼樣的領袖。

當你每天兩次，每次花十五分鐘練習Z技巧以後，**你就是在磨練身體**

的能力，讓本能的壓力反應依照眼前眞實的處境來運作。你愈能輕易感受內心極樂與圓滿，你的練習就會開始重組你的大腦，讓你更謹愼自持地面對所有狀況。記得，隨遇而安不是放棄，而是要你順勢而爲，信任宇宙自有安排，你可以依賴直覺來幫你走完這一局，而不必操縱這一局。

若你覺得自己很掙扎，花點時間用我們之前提出來的問題重塑觀點。不要問「這種事怎麼會發生在我身上」而是問自己「這件事發生在我身上有什麼用意」。只要換個問題思考，你就能把主導權從反射反應轉交到自己手中，並運用恢復力。如此一來，你會發現自己應勢而起，而非壯烈犧牲。當你能主導你自己，你就有更多權力在巓峰狀態發揮表現。

❊最不自私的事

回想一下本章開頭的故事。我的朋友華倫在地鐵站主導了情緒反應後，別人就給了他正面的回應。這個舉動改變了他一整天的活動。他感覺更冷靜、更願意順勢而爲，甚至還能搭上飛機。（若你最近有旅行的經驗，你就會知道這不是小事！）花一分鐘進入他的情境想一想：與其睡過頭、衝向機場、旅程一開始就累積壓力，你可以早點起床，先靜心，讓大腦與身體充滿多巴胺和血清素，讓你帶著這種圓滿的感覺啟程。隨著一天展開，你能面對所有挑戰。無論是地勤櫃檯、空服人員或機場接送的司機，他們都會和你有正面的互動，而不會選擇平淡或負面。你讓自己的一天更美好，你也讓他們的一天更美好，進而影響到和他們互動的其他人。

現在，來想想你日復一日地和同樣的人產生正面互動之後，會有什麼結果。當你的孩子看到你最棒的那一面——耐心、平和地聽他們說話並回應，而不是愈來愈不耐煩——他們就會帶著那股安定的安全感去學校，在教室裡呈現他們最棒的那一面，影響老師，而老師就能把這種美好的感覺帶回家，影響老師的家人。當你的伴侶看到你最棒的那一面——能坦誠溝通，真心相愛，投射出圓滿的感受——他們就會把尊重和愛帶到職場或其他環境，也會反映給你。當你的同事、員工或老闆，都在職場看到你最棒的那一面——他們就能把那股熱情和能量帶回自己的辦公室，你進而可以鼓勵你的團隊一起達成更多成就，讓所有顧客都滿意。

你就站在影響範圍的中心，端看你要向外散發哪一種能量。沒錯，你可以主導自己，享受極樂與圓滿，但你也會發現當你把極樂傳遞給其他人，再傳遞給其他人，一個一個接下去，你會有一種付出的興奮感。我常聽到學員說，靜心的感覺有點自私，因爲他們每天會中斷工作，把精力集中在自己身上。我的職責是，讓他們看清楚自己在緊繃的生活中維持堅毅和冷靜，可以產生漣漪效應改變生活圈內的人，甚至生活圈外的三個、五個、十個人。因爲，當你決定不要因爲情勢而跳腳時，每個人都會受到影響；你下定決心每天進步，所以他們的日子也會愈來愈好；你療癒壓力對自己造成的傷害，就是一件最不自私的行爲，因爲你的療癒會影響你接觸的每個人。**你療癒自己的時候，也療癒了整個群體。**

我在教學生涯中碰過少數幾個人，他們堅持體內完全沒有異樣，也沒有任何壓力的長期作用需要治療。我不會質疑他們對自己的觀察，因爲他們顯然比我更了解自己，但我還是想鼓勵那些人開始靜心，因爲靜心的好處可以擴散到整個群體。一天總計花三十分鐘，就可以改善與人互動的方式，進而影響人們看世界的觀點。即使你不認爲自己需要減輕壓力，你還是可以爲了行善而靜心。這很美妙。你可以把這當作是你的貢獻，洗滌人類集體意識。

事實上，你也可以把每天兩回的Z技巧當作是每天利他的善舉。沒錯，你從靜心獲得一長串的好處，而你周遭的人和世界上其他的人，也是如此。我們不難看出靜心爲群衆帶來的好處。

※自我成長圈的趨勢

近期，在許多自我成長的圈子裡，愈來愈多人說「自我成長」的概念即將被「群體成長」取代。我認爲，對整個社群而言，這是最好的方向，也是靜心會逐漸被美國主流社會接受的原因。

英國詩人約翰．多恩在一六二四年寫的名言，「沒有人是一座孤島」，這句話應用在現今的社會，是多麼寫實啊。科技讓我們串連在一起，而這以前只能在科幻小說裡出現。當然，許多文化評論員都指出，儘管我們彼此相連，不少人卻覺得比過去更孤單，因爲我們的時間都用來滑手機，或活在虛擬世界裡。這實在很矛盾：我們一起孤單。但是，無論你覺得你和這個世界多緊密或多疏離，我們還是「我們」。

據吠陀所示，萬宗歸一，我們都是那個一。我們的社會和世界，依舊建立在互動之上，包括今天早上替你煮咖啡的人或是接你電話的人，回覆你電子郵件的人或是在螢幕另一頭和你視訊的人。生命由許多關係構成。有些關係很重大，例如我們和我們愛的人、同事、客戶或學生；有些關係很渺小，可能只持續一下子，但可能一天內會發生上百次。你在這些關係裡的樣貌，劇烈地影響生活的色彩。**更好的你就等於更好的我們**。

當你幫助自己變得更強大、更冷靜、更健康、有更清楚的目標，你就是在幫助整個群體變得更好。當你選擇留意反應與行動間的落差，你就是在終結壓力循環，不只是爲了讓當下的感受更好，你還終結了後續的漣漪效應。這股漣漪效應或許會超越一輩子，或一整個世代。遺傳學家開始理解了壓力與創傷可以改變DNA的表徵而跨世代傳承。所以，當你療癒了自己，你不只是幫助你身邊的人療癒，還可能終結了創傷的循環，不會一代傳一代。這一點也不會浪費時間呢！

自我成長即是社會成長。你不是在真空狀態下進步。你的壓力減少了、表現進步了、直覺改善了，創新的能量、圓滿的感受和主導感官的能力，一定會滿溢到生活的各個方面，影響每一段關係。把這當作是你自己追求進步以後帶來的副作用，或者，若你願意，也可以想成是你升級了自己，輻射作用也拯救了這個世界。沒錯——每天花十五分鐘，就是在幫忙拯救這個世界。

☑案例9

從「戰或逃」變為「留下來好好玩」

演員　夏蘭・拜恩

在衝突中成長的人，通常難以發展出內心平靜的性格。我在北愛爾蘭衝突——我們當地人說那是「麻煩問題」時期——中出生。我來自北愛爾蘭的唐郡，生於一九七二年底，也就是發生「流血星期日」事件的那年。接下來的十年，英國與北愛爾蘭經濟蕭條，內戰頻仍；此外，我小時候被霸凌得很慘。所以，我年輕的歲月持續處在「戰鬥或逃跑」的狀態下。

在這過程中成長，你會很難訓練自己的身體和心智脫離攻逃模式。我十幾、二十歲時，不是在戰鬥就是在挑戰權威。最後，我愛上了一個紐約人，在二〇〇八的秋天移居曼哈頓，又碰上另一場金融海嘯，但這次我還有妻子和新的家庭。

我熱愛演戲，但經濟不允許，能讓我發揮的機會很少，每次上舞臺之後，要等很久才有下次機會。我在北愛爾蘭是第三代泥水匠，受過相關訓練，因此我回頭做粉刷工，也當調酒師，這樣才能養活我的妻子和女兒。連年生活在衝突中，我覺得不堪負荷，很難在碰到問題時擺脫大腦的攻逃反應。於是，我時時處在壓力下，更容易啓動戰鬥模式（但其實我並不想）。我相信這也導致我在四十二歲就罹患心臟衰竭，必須切除瓣膜。

當我從手術中恢復過來，我聽到了關於 Ziva 靜心的演講。我聽著艾蜜莉解釋靜心如何釋放過去的壓力，正念如何幫你面對現在的壓力，顯化如何規畫未來的夢想。我才明白這就是我一直在尋找的方法。我是丈夫也是父親，我必須成為女兒生命中的男人和依靠。我已經找到了藝術帶給我的喜悅，也從家庭找到了我的使命感，但我無法獲得安寧與平靜。當我面對高需求狀況時，預設的反應是戰鬥。我不想給女兒這種榜樣。

Ziva 讓我成為我想當的男人，為我妻子和女兒帶來幸福。Ziva 讓我得到安寧與平靜，讓我得到最美好的人生，讓我得到未來。我現在是更好的丈夫、父親和藝術家，主要有兩個原因：第一，我很努力成為我想成為的丈夫、父親和藝術家。第二，我相信由於我每天靜心兩次，所以我才有能力去實踐。

北愛爾蘭也找到了安寧與和平（至少大部分的區域是），感謝 Ziva，讓北愛爾蘭之子終於找到通往和平的道路。

閉眼練習

愛情炸彈

坐下來，背靠著，讓頭能自由轉動，閉上眼睛。從雙倍吐納開始，吐氣的長度是吸氣的兩倍，因此吸氣數兩拍，吐氣數四拍。（練習多次之後，可以增加長度：吸氣數三拍，吐氣數六拍。）吐納四個循環。

一開始，先想像你很愛的人坐在你面前約一公尺處。別擔心要怎麼選出對的人，通常浮現在你腦海中的第一個人最強大。若你想不出來誰讓你這麼愛，你可以想像是你的狗或貓——或任何一個讓你享受戀愛感的人。

花點時間看看他們的臉。他們的眼睛是什麼樣子？他們的頭髮是什麼樣子？他們穿著什麼衣服？你們心意相連的這個小舉動有沒有改變他們？他們和你一樣處在當下嗎？他們想要被看到嗎？他們會害羞嗎？他們躲起來了嗎？

當你觀察著對面的人，你很愛很愛的人，這個讓你的生活增添喜樂的人，讓這種愛意在下一次吸氣時貫穿全身，從身體透出來。讓這個人喚醒你體內戀愛的感覺。享受這種愛與催產素流遍全身的感受，在你吸氣時為你帶來滿滿的愛。好，當你吐氣時，想像著你用這股愛轟炸那個人，把愛灌注到他們體內的每個細胞。

再看看他們的眼睛。你送出的愛有沒有改變了他們的眼神？是不是比較柔和呢？是不是比較親切了？是不是覺得和你更緊密了？

在你吸氣時，讓你自己接受那個人流回來的愛，為你體內的每個細胞充電，灌滿愛與感激。吐氣時，想像著你把愛送到整個房間裡。不管你現在在哪裡，讓這空間內充滿愛。有的人會想像成金色光芒從體內爆發，或白光，或愛的波浪。

每一次吸氣，你都讓身體核心那愛的火焰生火，每一次吸氣，火焰愈來愈炙熱、愈來愈明亮，連房間都裝不下了，必須蔓延到整棟樓——你每次吐氣，你的房子和裡面所有的人都被愛包圍。

接下來，吸氣，想像著體內愛的頻率愈來愈長，吐氣時就把愛傳遞到整座城市。每個人、每個地方、每樣東西——你的所有朋友、家人甚至敵人，我希望你用愛轟炸他們。愛是世界上最美好的資源，我們付出愈多，就得到愈多。

下一次吸氣時，把這種感覺吸到身體裡，讓愛蔓延，照射整個國家。所有不同的政黨、不同的區域、不同的族群，盡可能地給他們愈多的愛——傳給這個國家裡的每個人。

若你似乎漸漸感受不到愛了，就回來想你很愛的那個人，想像著他們就坐在你身邊，而你看著他們的臉，讓你內心再度充滿愛。

現在，想像你用這股美好的愛包圍整個地球。這可能聽起來有點老套或嬉皮，但真的，唯一能解除恐懼的就是愛。你不能用恐懼去攻擊恐懼，只能用愛。所以，當我們吸氣的時候，我們要讓體內的每個細胞充滿愛，然後轟炸整個地球，讓愛創造和諧與人我相連的空間。只要花一分鐘，想像一下，有個你認識的人或你愛的人或陌生人，真的能感覺到你散發的愛，你讓愛在地表上自由航行。或許有個人心情沮喪或感到寂寞，但他們現在不那麼孤單了，開始微笑了。

下一次呼吸時，把愛的感覺吸進身體從頭到腳的每個細胞裡，吐氣時把愛傳向整個宇宙。超越太陽系、超越銀河、超越所有星雲星系，無垠無盡——讓你的想像不斷開展，提醒自己：你就是宇宙的一部分，宇宙就是你的一部分。

根據吠陀的觀念，**萬宗合一，我們都是其一**。想想這句話。萬宗合一，我們都是其一。這表示構成星星、銀河、宇宙的物質與能量，就是構成我們身體細胞的物質與能量。因此，給自己一點時間在這種廣闊又相連的感覺裡鬆懈下來。你剛剛用愛轟炸了宇宙，宇宙也把愛送回來給你。

現在，從這種廣闊、相連且鬆弛的感覺中慢慢地把意識拉回你的身體。讓你自己在身體意識與宇宙意識之間來回，同時感覺一下全體與個體的感受，左腦和右腦一起啓動的感受，身體和宇宙合一的感受，想像你是一道波浪在意識的大海裡。浪是海的一部分。海是浪的一部分。

設定目標，讓你接下來一整天都帶著這種感覺。若你開始對某個人很沮喪或生氣，就喚回這種感覺，提醒自己：我今天給了你很多愛，所以不如意的時候，我還是能感受到愛。深吸一口香甜的空氣，喚醒你的身體，動動手，動動腳，依自己的節奏，慢慢地、溫柔地張開雙眼。

這很有趣，不是嗎？用愛轟炸宇宙。我發現這活動在衝突中幫助很大。若我要對計程車司機或者對櫃檯後的服務生發脾氣，我就會想起來。你知道嗎？我今天傳遞了很多愛給這個人，他們其實就是我的一部分，我也是他們的一部分。能回到這種人我相連的感覺很好。若你想要坐下來、放輕鬆，用自己的聲音，錄下愛情炸彈來引導自己，也很好。

13

升級你的表現

我衷心希望你讀到這裡的時候，很期待趕快看到變化，也感覺到自己有足夠能力，可以展開這場讓壓力更少、成就更多的旅程。

我知道很多人刻板地以爲，會靜心的人不食人間煙火，整天飄在雲上，用一種很做作又飄渺的聲音說話。是不是有這種人？當然。但靜心現在已進入主流社會，有更多務實的人開始靜心，他們的聲調和舉動還是像正常人，講話也沒有「瑜伽音」，他們不會把生活大小事都搞得像靈修一樣，他們只是用更有效率、效果更顯著的方式過生活。

靜心不會讓你變成一個被動、好像打了鎮定劑的人；只要看看書中提過的例子就知道，世界上許多有成就的人——我很榮幸能親自教導其中幾位——他們的經歷都不是那樣！靜心對你眞正的作用，是讓你看到自己最精采的樣貌，並且加以提升，讓你成爲你夢想中的樣子。靜心不會改變你；靜心讓你活出自己，活出那個精采不凡的你，而不是那個壓力很大、氣色很差、心情很糟的你。Z技巧的三項練習，給你多面向的精神體驗，讓你充分把握當下（正念）、療癒過去（靜心），並且清楚地創造未來（顯化）。

你的生活、經驗或企圖心，無論哪個方向需要升級，靜心都提供了全面維修保養服務。

花一秒鐘來回顧一下，每天靜心兩次為你帶來哪些好處：

- 若靜心什麼效果都沒有，只能幫你消除體內累積的壓力，提升你的能力，讓你能優雅地應付每天的各種需求，這還是很值得吧？只要你每天練習兩次，你就為自己開啓了無數的新機會，這都是過去被壓力封印的機會，只是你不曉得罷了。
- 若靜心什麼效果都沒有，只能讓你一夜好眠，這還是很值得吧？只要每天花兩次十五分鐘的時間靜心，就能每天帶著更多元氣醒來，腦筋更清醒地展開一天，想想你二十四小時之內提高多少完成度。
- 若靜心什麼效果都沒有，只能提升你的免疫系統，解除慢性健康問題的症狀，那不是很值得嗎？想想你每年因為生病、疼痛和其他身體不適，損失了多少生產力。你願意花多少錢來減緩或徹底解決這些問題？
- 若靜心什麼效果都沒有，只能提升神經可塑性，讓你的大腦更年輕，有更強的適應力，那不是很值得嗎？靜心還能減少身體老化的痕跡。（你每年花多少錢買抗皺乳霜和染髮劑？）應該沒有人覺得這投資不值得吧。

- 若靜心什麼效果都沒有，只能重建你的神經路徑，讓你的大腦能同時處理更多需求，那不是很值得嗎？把靜心的一項價值應用在你職場的角色裡。若每天兩次，每次十五分鐘，就能有效地把你變成人形瑞士刀，誰不想要呢？
- 若靜心什麼效果都沒有，只能讓你的直覺更敏銳，那還是很值得吧？想想你花多少時間爲了過去的選擇而懊惱。當你獲得更多能力可以察覺細微的差異和眼前的各種選擇有何模式，Z技巧可以幫助你省下好幾個小時，不必再猶豫不決——甚至還能省下好幾年的悔恨。
- 若靜心什麼效果都沒有，只能讓你的大腦更容易進入心流狀態，那還是很值得吧？擷取內心創意與創新力，不被內心質疑所束縛，就是你能給自己和你的職涯最棒的禮物。

- 最後，若靜心什麼效果都沒有，只能讓你獲得更深刻的圓滿感受，還是很值得吧？那不是我們都在尋找的終極目標嗎？我們都想找出人生目標並去實踐，不是嗎？

※ 不要懈怠

我發現，無論靜心多麼有價值，即使每天只要半小時，很多人一想到要從此改變作息，也會卻步。不過，請記得靜心是你每天維持心理健康的重要步驟。如同你每天一定會先刷牙才出門（我希望是這樣），靜心也是你生活作息中不容忽略的一部分。你給生活中不容忽略的活動多少尊重，別人就會給你同樣的尊重。若你無法保護一天兩次練習Z技巧的時間——你允許別人打斷、願意讓同事「很快地討論一個問題」、答應幫小孩準備點心、陪狗丟球——每次你允許自己破壞規則，就是讓大家知道他們可以打擾你靜心。

當你明確地表示自己每天要花二%的時間靜心，不容妥協——除非有人頭破血流，否則你就是要靜心——那麼你的同事、家人甚至寵物，會很快地學會尊重並維護你的時間。若你表現得好像沒有靜心無所謂，自然不會有人在意。只要你重視，大家就會開始替你著想。你甚至會開始聽到小孩說：「媽媽靜心完比較好。」或是：「爸爸，你今天第二次靜心做完了嗎？你好像有點心浮氣躁。」

你可能聽過這個觀念：以瓶子、石頭和沙子爲例，若先在瓶子裡面裝滿沙，再鋪上石頭，瓶子可能會裝不下——你永遠無法把所有東西都裝進去。但若先放大石頭，再把沙子倒進去，讓沙子填滿石頭的縫隙和所有空間，就可以輕鬆裝滿瓶子。石頭就是那些不容妥協的事——一天之中較爲重要的大事。你要把靜心當成石頭。不要用咖啡、社群媒體或牢騷來展開一天；你應該用更好的方式爲自己展開一天，看看會有什麼進展。每個人的瓶子容量都一樣，每天擁有的時間都一樣，就看你如何裝滿你的瓶子。

剛開始練Z技巧時，請嚴格地將它排入每天的行程裡，讓自己習慣每天都重視Z技巧時間。你可以在手機上設鬧鐘，時間到了就提醒自己靜心，直到變成你的習慣爲止。除此之外，鬧鐘的聲音也可以暗示你的朋友、家人和同事，讓他們知道你已安排好時間了，不容妥協。還記得我說過練Z技巧時不要用鬧鐘嗎？那是指你不需要鬧鐘來提醒你靜心時間已經結束，但你可以用鬧鐘來提醒自己該開始靜心了。

我還是不希望你依賴鬧鐘來結束靜心，但我確實希望你能用鬧鐘來提醒自己每天靜心兩次，養成新習慣。事實上，若你沒有完成第八章最後的作業，我希望你現在就拿出手機或行事曆——快點，我在等你拿出來——看看你的會議、預約和未來二十一天的各種安排。找出上午和下午的空檔，把每天的Z技巧時間都排進去，寫進行事曆裡。設定鬧鐘以免忘記，等鬧鐘提醒你時一定要重視這件事。蘿拉・班奈提是Ziva學員，也是我的好朋友，她說：「我預約了自己的時間，然後準時赴約，因爲我尊重我自己。」關上你辦公室的門，關掉電子郵件的通知，好好維護心理健康吧。

❊ 找出靜心的空間

你是不是沒有自己的辦公室，只有一張辦公桌和小隔間？或是成天跑業務，或是有不同的工作型態？你可以在車裡靜心。你搭地鐵上班嗎？那麼你可以在長椅上靜心，甚至是工具間。這套靜心法實在太簡單了，唯一更簡單的做法就是找藉口不靜心——然後你就回到原點了，更糟糕的是你可能會退步。你必須設定鬧鐘來催促自己，直到你自然而然地每天靜心兩次，無論多忙碌或思緒多繁雜。事實上，當你的待辦事項不斷增加或是腦中有千思萬緒的時候，你更需要靜心，而不是減少靜心次數。

剛開始，偶爾你可能覺得太忙、太累、壓力太大了，必須跳過一次靜心。不管你多累、多忙、壓力多大，**靜心就對了**。你知道嗎？歐普拉也很忙，但她仍會設法每天靜心兩次。我每次這麼說，就會有人反駁，認為歐普拉有很多人可以分攤她的工作。我總是反問他們：歐普拉是先成功還是先自律？說自己忙到沒時間靜心，就像是說你忙到沒時間替車子加油，這根本沒道理。你難道就有時間覺得自己壓力很大、體力不夠、腦力不足嗎？你有時間讓自己生病，中斷每件事嗎？

沒錯，靜心需要你投入一點時間，但報酬很豐厚：只要你利用每天二%的時間，就能大幅改善另外九八%的時間。原本可能需要五、六小時才能完成所有待辦事項，現在或許只要兩、三小時就能解決；但因爲你的活力增加、壓力減少、直覺更敏銳了，因此你的生產力、創造力和準確度都明顯提高，你很快就會發現自己不但在更短的時間內完成更多事，而且做得更好。無論是要聯繫客戶、在職場創新、管理家中大小事或是單純享受當下的小確幸，你很快會發覺一切愈來愈順遂，而你也能充分發揮潛力，好好表現。

※靜心不是帶你的大腦去美甲

很多人想把靜心和其他奢侈享受結合在一起，像是水療或香氛蠟燭。我的第一個評論就是：**能給你更多時間的事情，都不奢華**。就定義而言，奢侈享受就是寵溺——這些事情很好，但沒有必要。我堅信在你規律地每天練習Z技巧靜心兩次之後，幾個星期內，你就會發現Z技巧爲你的身心和專業表現帶來正面效果，同時也提升了你的生活品質。在這個節奏迅速、競爭激烈的世界裡，小黃瓜水和腳底去角質是可有可無的奢侈享受，但優化表現卻是必須的。

不過，請記得「優化表現」因人而異。開始靜心不會讓你變一個人、擁有不同的技巧和能力。表面上，我們似乎都有同樣的目標：賺更多錢、擁有更多自由的時間、加強我們的人際關係等。但每個人追求這些目標背後的理由都不一樣。你要賺更多錢做什麼？去登安地斯山。資助研究開發出新的整型手術。買房子給爸媽。蓋牧場收容受虐的馬。擁有更多自由的時間之後，你要拿來做什麼？在社群裡當義工。把想看的書都看完。多年來一直想寫書，終於有時間可以寫了。花更多時間陪家人。終於能養點花花草草。旅行。我們追求的不是金錢或時間或感情——而是這些活動給我們的感受。每個人的終點和企圖心都不相同。

靜心能讓你的神經系統擺脫累積已久的壓力，讓你休息得更充足、直覺更敏銳、身體更健康，擁有更多活力可以運用你的專業，在因應人生中不同需求時開創出不同的回應。簡言之，靜心能幫助你把自己活得**更好**。

請記得，開始這趟旅程不會忽然解決你的所有問題，或讓你無時無刻都快樂開心。別把快樂和靜心綁在一起，不要讓「等待幸福」症候群找到後門又進入你的生命裡。你在開始靜心前體會過一百萬次的快樂，在靜心旅程中也會體會到一百萬次的快樂；你的快樂和靜心做得好不好無關。

要記得，剛開始練Z技巧的幾週，當你勇敢地走過身心排毒階段時，可能會有一些塵封已久的悲傷、憤怒和疲倦被翻攪出來。但別忘了：「能排出去就不要留下來。」我是說眞的。這些東西若不跟著眼淚離開你的身體，就會囤積在你的身體組織裡，經年累月之下，可能以病痛的方式表現出來。所以，請選擇能幫你解除陳年壓力的方法，你才不會遷怒於你最親密的人。

我再重複一次重點。你開始每天靜心之後，會發現累積了一輩子的壓力開始出現，並離開你。這可能會讓你覺得很緊繃，你或許不喜歡。若你跳過了第三章，根本不知道我在講什麼，而以爲靜心會讓你飄在雲上，第一天就能體驗極樂，那麼身心排毒的現象可能會讓你覺得困惑。Z技巧不會讓你對這些感覺免疫或麻木。你可以把Z技巧想像成大掃除，你愈是有心安排這些清掃活動，就愈不會把心理的垃圾倒向你的伴侶、室友、狗或附近的咖啡廳服務生。這場大掃除可能不同於你拿起這本書時的期望，但請放心，清除磁碟之後，你的大腦才有更多空間發揮更高的表現。

在你通過了這個解壓的階段時，可以嘗試一個進階技巧——我經常和較有經驗的學員分享，讓他們可以在靜心之後做幾次，重建他們對過去的記憶。我會邀請他們回顧人生中特別難熬的階段，接著透過他們現在擁有的時間與經驗鏡頭，再看一次。當他們知道每件事都自有安排，他們就會安慰或鼓勵年輕版的自己，不管溝通了什麼都會帶來力量。

我的意思當然不是指靜心可以讓你穿越時空，但這個細微的意識狀態，可以影響你的時間觀和體驗。花點時間回顧過去的重大事件，就能幫你回答「爲什麼這件事會發生在我身上？」的問題。那件事有沒有給你全新的觀點？那件事有沒有讓你變得更強大？那件事有沒有讓你準備好面對未來的工作？用個比較迂迴的方式來看，那件事是不是開啓了第一步，讓你到了今天的處境？看清楚過去的挑戰如何讓你步入現在的處境中，你就能升級你對過去的觀點和態度，最終能一口氣釋放當時造成的壓力。

靜心老師很喜歡和學員分享一則古老的故事：喜馬拉雅山上的僧侶會用番紅花來染袈裟。布料不會在第一次進入染缸時就著色，第二次、第三次或第四次也不會。布料一定要反覆地浸泡在染缸裡才會定色。袈裟不能丟進染缸裡泡好幾週，一定要浸泡一定時間後日曬，否則就會發霉。可是，也不能在陽光下曝曬太久，不但會褪色，布料還容易破。總之，袈裟必須反覆地在染缸內浸泡再日曬，曬完再染，連續非常多次才能吸收足夠的染料，且不會褪色。

靜心的目的不是清除你的需求；你的需求不會阻擋你開悟。這套方法的目標也不是要你成天待在極樂之境，任時光流逝。你需要染色，也需要日曬。你需要靜心，也需要日常活動。在這兩者交會之際——需求與你完成時的滿足感，日曬與染缸——你才能有最高的成就，看到最亮眼的自己。

圓神出版事業機構 Eurasian Publishing Group 用心與你對話・視野無限寬廣
方智出版社 Fine Press
www.booklife.com.tw
reader@mail.eurasian.com.tw
方智好讀 126

壓力更少，成就更多：讓生命非凡的靜心技巧Ziva

作　　者／艾蜜莉・芙萊契（Emily Fletcher）
譯　　者／葉妍伶
發 行 人／簡志忠
出 版 者／方智出版社股份有限公司
地　　址／台北市南京東路四段50號6樓之1
電　　話／（02）2579-6600・2579-8800・2570-3939
傳　　真／（02）2579-0338・2577-3220・2570-3636
總 編 輯／陳秋月
副總編輯／賴良珠
主　　編／黃淑雲
責任編輯／巫芷紜（特約）
美術編輯／李家宜
行銷企畫／詹怡慧・王莉莉
印務統籌／劉鳳剛・高榮祥
監　　印／高榮祥
排　　版／杜易蓉
經 銷 商／叩應股份有限公司
郵撥帳號／18707239
法律顧問／圓神出版事業機構法律顧問　蕭雄淋律師
印　　刷／祥峰印刷廠
2019年12月　初版

定價 320 元　　ISBN 978-986-175-541-0

每天都進步1%，一年後，你會進步37倍；每天都退步1%，一年後，你會弱化到趨近於0！

你的一點小改變、一個好習慣，將會產生複利效應，如滾雪球般，爲你帶來豐碩的人生成果！

——《原子習慣》

國家圖書館出版品預行編目資料

壓力更少，成就更多：讓生命非凡的靜心技巧 Ziva／艾蜜莉．芙萊契（Emily Fletcher）著；葉妍伶 譯．
-- 初版．-- 臺北市：方智，2019.12
320 面；14.8×20.8 公分 --（方智好讀；126）
譯自：Stress less, accomplish more
ISBN 978-986-175-541-0（平裝）

1. 壓力　2. 情緒管理　3. 生活指導

176.54　　108017393